Nelson Cole

Le Secret de la Réalisation
Le Langage Secret de la Kabbale

Titre original : Cabala - O Mapa Espiritual do Universo
Copyright © 2025, publié par Luiz Antonio dos Santos ME.
Ce livre est une œuvre de non-fiction qui explore les principes mystiques et spirituels de la Kabbale. À travers une approche détaillée et accessible, l'auteur offre une immersion dans les concepts fondamentaux de cette tradition ésotérique, abordant des thèmes tels que l'Arbre de Vie, les Sefirot, la réincarnation, et les mondes spirituels.
1ère Édition
Équipe de production
Auteur : Nelson Cole
Éditeur : Luiz Santos
Couverture : Studios Booklas / Jean-Michel Dupont
Consultant : Frédéric Lemoine
Chercheurs : Olivier Morel, Sophie Duret, Marc Lefevre
Mise en page : Claire Fontaine
Traduction : Antoine Lefèvre
Publication et identification
Le Secret de la Réalisation – Le Langage Secret de la Kabbale
Booklas, 2025
Catégories : Spiritualité / Mysticisme / Ésotérisme
DDC : 296.16 – **CDU :** 133.322.3
Tous droits réservés à
Luiz Antonio dos Santos ME / Booklas
Aucune partie de ce livre ne peut être reproduite, stockée dans un système de récupération ou transmise par quelque moyen que ce soit — électronique, mécanique, photocopie, enregistrement ou autre — sans l'autorisation préalable et expresse du détenteur des droits d'auteur.

Sommaire

Table des Matières Systématique 5
Prologue 11
Chapitre 1 Introduction à la Kabbale 14
Chapitre 2 L'Arbre de Vie et les Dix Sefirot 24
Chapitre 3 La Dualité et l'Unité dans le Système Cabalistique ... 35
Chapitre 4 Les Quatre Mondes de la Kabbale 46
Chapitre 5 Le Rôle des Noms Divins dans la Kabbale 57
Chapitre 6 Anges et Démons dans la Kabbale 68
Chapitre 7 L'Âme dans la Kabbale Nefesh, Rouach, Neshama . 80
Chapitre 8 Le Tikoun Olam La Mission Cabalistique de Rectification 91
Chapitre 9 La Réincarnation dans la Kabbale 103
Chapitre 10 La Langue Secrète de la Kabbale Guématrie 115
Chapitre 11 Le Mal et le Libre Arbitre dans la Kabbale 127
Chapitre 12 La Guérison Cabalistique et les Sephiroth 138
Chapitre 13 Kabbale et Psychologie L'Intégration de l'Ego 150
Chapitre 14 Le Chemin du Juste Le Tzadik dans la Kabbale .. 162
Chapitre 15 La Sagesse Cachée des Psaumes 174
Chapitre 16 La Kabbale et le Cycle des Fêtes Juives 188
Chapitre 17 Le Pouvoir des Lettres Hébraïques 199
Chapitre 18 La Kabbale et les Rêves 211
Chapitre 19 Le Chemin du Repentir La Teshuvah dans la Kabbale 225
Chapitre 20 Kabbale et le Rôle de la Femme 238

Chapitre 21 Le Zohar Le Livre de la Splendeur 250
Chapitre 22 Kabbale et Prospérité Matérielle 261
Chapitre 23 Les 72 Noms de Dieu 273
Chapitre 24 La Kabbale et l'Avenir 285
Chapitre 25 Le Voyage Cabalistique 297
Épilogue 309

Table des Matières Systématique

Chapitre 1 : Introduction à la Kabbale - Ce chapitre présente les bases de la Kabbale, son origine, ses textes fondamentaux et ses concepts clés, offrant une vue d'ensemble de cette tradition mystique.

Chapitre 2 : L'Arbre de Vie et les Dix Sefirot - Ce chapitre explore en détail l'Arbre de Vie, le diagramme central de la Kabbale, et les dix Sefirot, les émanations divines qui le composent, expliquant leur signification et leur rôle dans la création.

Chapitre 3 : La Dualité et l'Unité dans le Système Cabalistique - Ce chapitre analyse la dualité comme une force essentielle dans la création, explorant comment les forces opposées interagissent pour atteindre l'unité et l'harmonie, tant au niveau cosmique que personnel.

Chapitre 4 : Les Quatre Mondes de la Kabbale - Ce chapitre dévoile la structure de l'univers selon la Kabbale, divisée en quatre mondes spirituels - Assiyah, Yetzirah, Beriah et Atzilut - expliquant comment ils interagissent et influencent l'âme humaine.

Chapitre 5 : Le Rôle des Noms Divins dans la Kabbale - Ce chapitre explore la signification et le pouvoir des Noms Divins dans la Kabbale, expliquant comment ils sont utilisés pour se connecter aux énergies divines et influencer la réalité spirituelle.

Chapitre 6 : Anges et Démons dans la Kabbale - Ce chapitre explore le rôle des anges et des démons dans la cosmologie kabbalistique, expliquant comment ces entités spirituelles influencent l'équilibre de l'univers et le voyage de l'âme.

Chapitre 7 : L'Âme dans la Kabbale : Nefesh, Rouach, Neshama - Ce chapitre analyse la vision kabbalistique de l'âme humaine, divisée en trois niveaux principaux - Nefesh, Rouach et Neshama - expliquant la fonction et les caractéristiques de chacun et comment les élever spirituellement.

Chapitre 8 : Le Tikoun Olam : La Mission Cabalistique de Rectification - Ce chapitre explique le concept de Tikoun Olam, la rectification du monde, et comment les actions humaines ont un impact spirituel qui se répercute à travers les mondes, influençant l'équilibre des forces cosmiques.

Chapitre 9 : La Réincarnation dans la Kabbale - Ce chapitre explore la vision kabbalistique de la réincarnation (Guilgoul), où l'âme passe par plusieurs incarnations pour se perfectionner et s'aligner avec son but divin, expliquant le rôle du Tikoun personnel et les défis de chaque vie.

Chapitre 10 : La Langue Secrète de la Kabbale : Guématrie - Ce chapitre dévoile la Guématrie, un système de numérologie kabbalistique qui attribue des valeurs numériques aux lettres hébraïques, permettant de trouver des correspondances spirituelles entre les mots et d'accéder à un langage secret et symbolique.

Chapitre 11 : Le Mal et le Libre Arbitre dans la Kabbale - Ce chapitre explore la vision kabbalistique du mal comme une force nécessaire dans le cosmos, liée à l'obscurité et à l'occultation, et comment son existence permet aux êtres humains de faire des choix conscients, le libre arbitre étant un instrument d'élévation spirituelle.

Chapitre 12 : La Guérison Cabalistique et les Sephiroth - Ce chapitre analyse la guérison cabalistique comme un processus multidimensionnel lié à l'Arbre de Vie et aux Sephiroth, chaque Sephirah émanant une énergie spécifique qui influence la santé spirituelle, mentale et physique de l'être humain.

Chapitre 13 : Kabbale et Psychologie : L'Intégration de l'Ego - Ce chapitre explore l'intégration de l'ego comme thème central dans la Kabbale, où l'ego n'est pas une force à éradiquer, mais un aspect vital de l'âme à intégrer, servant de canal à la volonté divine et jouant un rôle fondamental dans le voyage spirituel.

Chapitre 14 : Le Chemin du Juste : Le Tzadik dans la Kabbale - Ce chapitre présente le concept de Tzadik, le juste, un individu qui a atteint un niveau élevé de rectitude et agit en accord avec les commandements divins, servant de canal entre le divin et le monde matériel et influençant positivement l'équilibre cosmique.

Chapitre 15 : La Sagesse Cachée des Psaumes - Ce chapitre explore les Psaumes comme des portails d'accès à des dimensions spirituelles profondes, chaque mot contenant une signification cachée capable de guérir, de protéger et d'élever l'âme, expliquant leur pouvoir mystique et leurs applications spirituelles.

Chapitre 16 : La Kabbale et le Cycle des Fêtes Juives - Ce chapitre analyse les fêtes juives comme de puissants portails spirituels, chacune associée à des énergies spécifiques qui offrent l'opportunité d'atteindre l'élévation spirituelle, la purification et la transformation, expliquant le calendrier juif et le temps cyclique dans la Kabbale.

Chapitre 17 : Le Pouvoir des Lettres Hébraïques - Ce chapitre explore l'alphabet hébraïque comme un code mystique contenant les secrets de la création, chaque lettre étant une force créatrice avec une énergie spirituelle spécifique capable d'influencer le monde physique et spirituel, expliquant leur rôle dans la formation de l'univers et leur utilisation dans les pratiques méditatives.

Chapitre 18 : La Kabbale et les Rêves - Ce chapitre analyse les rêves comme des messages directs de l'inconscient et du monde spirituel, expliquant les différents types de rêves, le symbolisme et les techniques d'interprétation, et comment ils peuvent révéler des secrets, donner des orientations et permettre l'accès à des niveaux de conscience plus élevés.

Chapitre 19 : Le Chemin du Repentir : La Teshuvah dans la Kabbale - Ce chapitre explore le concept de Teshuvah, le repentir, comme un processus de retour spirituel à l'état d'unité avec la divinité, en réparant les fautes et en se réalignant avec le but supérieur de l'âme, expliquant les quatre étapes de la Teshuvah et son pouvoir transformateur.

Chapitre 20 : Kabbale et le Rôle de la Femme - Ce chapitre analyse le rôle de la femme dans la Kabbale, en mettant l'accent sur la connexion aux énergies divines féminines, la Shekhina, et comment les femmes possèdent une sensibilité spirituelle unique et un pouvoir inné pour apporter lumière et harmonie au monde.

Chapitre 21 : Le Zohar : Le Livre de la Splendeur - Ce chapitre présente le Zohar, le Livre de la Splendeur, une œuvre centrale de la Kabbale qui offre une vision profonde des mystères de la création, de l'âme humaine et des interactions entre les mondes spirituel et matériel, expliquant ses enseignements et son importance dans le mysticisme juif.

Chapitre 22 : Kabbale et Prospérité Matérielle - Ce chapitre explore la relation entre la spiritualité et la prospérité matérielle dans la Kabbale, enseignant que l'équilibre entre le matériel et le spirituel est essentiel pour la réalisation du but de la vie, et comment la prospérité matérielle peut être alignée sur des valeurs spirituelles élevées et utilisée pour le bien commun.

Chapitre 23 : Les 72 Noms de Dieu - Ce chapitre dévoile les 72 Noms de Dieu, une séquence sacrée de lettres hébraïques contenant de puissantes énergies spirituelles, expliquant comment ils peuvent être utilisés pour la transformation, la protection et l'élévation spirituelle, et comment chaque nom reflète un aspect spécifique de la divinité.

Chapitre 24 : La Kabbale et l'Avenir - Ce chapitre offre des perspectives sur l'avenir de l'humanité et l'évolution spirituelle globale selon la Kabbale, expliquant le concept de Tikoun Olam, la correction du monde, et comment l'humanité est dans un processus de transition constante vers un état d'équilibre et d'harmonie divine.

Chapitre 25 : Le Voyage Cabalistique - Ce chapitre conclut le livre en résumant les principaux enseignements de la Kabbale, en mettant l'accent sur l'importance de l'Arbre de Vie, de la dualité et de l'unité, du Tikoun Olam et de la transformation personnelle, et en encourageant la poursuite du voyage spirituel et l'intégration de la sagesse kabbalistique dans la vie quotidienne.

Prologue

Imaginez-vous, un instant, au bord d'un grand précipice, face à un vaste mystère. Vous sentez la brise légère, mais il y a quelque chose de plus profond dans l'air, quelque chose d'invisible, de palpitant, comme si l'univers entier était sur le point de vous chuchoter des secrets. Ce livre est la porte d'entrée de cette énigme, d'une sagesse qui traverse les temps, d'une vérité qui ne peut être dite avec des mots ordinaires, mais qui résonne dans le cœur de ceux qui cherchent à comprendre ce qui est au-delà de la matière.

La connaissance que vous êtes sur le point de découvrir n'est pas une simple leçon de spiritualité ; c'est une carte de votre propre être, des mystères qui sommeillent au centre de votre âme et dans les recoins les plus reculés du cosmos. Imaginez pouvoir marcher sur ce sentier ancien, exploré par peu de gens, où chaque pas vous rapproche d'une compréhension plus grande de la vie et de l'existence.

La Kabbale, l'ancienne tradition que vous êtes sur le point de découvrir, n'est pas un simple concept ésotérique. Elle est le code caché qui imprègne toutes choses, depuis la création de l'univers jusqu'aux mystères les plus intimes de votre propre âme. Il ne s'agit pas seulement d'une étude intellectuelle ; c'est un voyage de transformation. Chaque mot que vous lirez ici a le pouvoir de réveiller quelque chose d'endormi en vous, quelque chose qui résonne avec l'essence de l'existence.

Permettez-vous d'imaginer que tout ce que vous connaissez, tout ce que vous avez vécu, n'est que la surface. Sous cette surface, il y a une structure, un schéma invisible, une interconnexion de forces divines qui meut l'univers et votre propre vie. Ce livre vous donnera les clés pour voir au-delà du visible, pour toucher ce qui est intangible et, plus important encore, pour vous transformer.

Ce texte n'est pas seulement une lecture ; c'est une initiation. À chaque page, vous serez invité à ouvrir de nouvelles portes en vous-même. Préparez-vous à plonger dans des concepts qui remettront en question vos certitudes, qui vous amèneront à repenser votre propre vision du monde. L'Arbre de Vie, les mondes spirituels, les anges, les noms divins - tous ces concepts vous seront révélés comme les pièces d'un grand puzzle cosmique qui, une fois assemblé, révèle une vision surprenante et transformatrice de la réalité.

Et, en entrant dans ce chemin, rappelez-vous que la Kabbale est plus qu'une simple théorie. Elle est pratique, elle est vie, elle est une manière de voir et de ressentir le monde qui vous entoure. Elle vous enseignera que chaque acte, chaque pensée, chaque intention porte en elle une profondeur qui s'étend au-delà de ce que les yeux peuvent voir. Vous serez amené à comprendre que l'univers est un tissu de significations, et que votre rôle dans cette grande scène cosmique est bien plus important que vous ne l'avez jamais imaginé.

En ce moment, vous avez entre vos mains le pouvoir de transformer votre perception. Mais le choix de continuer vous appartient. Si vous décidez d'aller de l'avant, préparez-vous à voir vos convictions remises en question, à être transporté dans des dimensions de pensée qui révèlent le potentiel endormi en vous. Ce livre est un portail vers une nouvelle compréhension de la réalité, où l'obscurité n'est pas l'absence de lumière, mais l'invitation à découvrir l'éclat caché dans les ombres.

Permettez-vous, alors, d'être guidé. Laissez les mots vous envelopper et vous conduire dans ce voyage sacré. La sagesse de la Kabbale vous attend - prête à révéler des mystères anciens et à éveiller en vous un désir ardent de plus, de découvrir, de ressentir, d'être. C'est le moment pour vous de franchir le seuil et de commencer une nouvelle phase de votre existence. Des révélations surprenantes sont à venir. Réveillez-vous, et voyez ce qu'il y a au-delà de ce que vous avez toujours cru connaître.

Chapitre 1
Introduction à la Kabbale

La Kabbale, une tradition mystique du judaïsme, est un vaste système qui cherche à dévoiler les secrets de l'univers et de l'âme humaine. Son nom dérive du mot hébreu *kabbalah*, qui signifie "réception", faisant allusion à l'idée que ses enseignements ne sont pas inventés, mais reçus. La Kabbale est comprise comme une sagesse transmise à travers les générations, offrant un chemin pour comprendre les forces divines qui imprègnent la création. Plus qu'une simple étude académique ou théorique, la Kabbale est une pratique spirituelle qui vise à transformer profondément la perception de l'individu sur la vie et la réalité.

L'origine de la Kabbale remonte aux anciens mystiques juifs qui croyaient que Dieu s'était révélé au monde par couches de connaissance. Chaque couche doit être dévoilée par l'effort spirituel et la méditation. Parmi les textes les plus importants qui constituent la base de la pensée kabbalistique, on trouve le Zohar, le "Livre de la Splendeur", et le Sefer Yetzirah, le "Livre de la Création". Ces écrits sont considérés comme des pièces maîtresses de la littérature mystique, révélant une vision ésotérique de la Bible et de la création de l'univers.

Le Zohar, en particulier, est une œuvre monumentale qui traite des forces invisibles qui opèrent dans le monde et de l'interaction entre Dieu et l'humanité. Écrit en araméen, le Zohar présente un commentaire mystique sur la Torah (les cinq premiers livres de la Bible) et couvre des questions telles que la nature de Dieu, la création, l'âme, le bien et le mal, ainsi que des rituels et des pratiques spirituelles profondes. Il est devenu la pierre angulaire pour ceux qui cherchent une compréhension plus profonde des enseignements de la Kabbale.

Un autre texte fondamental, le Sefer Yetzirah, aborde la création de l'univers d'un point de vue linguistique et numérique. Il décrit comment Dieu aurait utilisé les 22 lettres de l'alphabet hébraïque pour créer le cosmos et les dix Sephiroth, qui sont les émanations divines qui composent la structure du monde. Ce système numérique et linguistique est central dans la Kabbale, et l'idée que l'alphabet hébraïque a un pouvoir créateur va au-delà de la simple communication humaine. Chaque lettre porte une essence spirituelle, une force capable de modeler la réalité.

La Kabbale offre une carte spirituelle, un diagramme de la création qui peut guider l'être humain dans son voyage de connaissance de soi et de rapprochement de Dieu. Cette carte est plus connue sous le nom d'Arbre de Vie, un diagramme qui représente l'interaction des dix Sephiroth mentionnées dans le Sefer Yetzirah. Les Sephiroth sont décrites comme des émanations de la divinité qui reflètent différents aspects de Dieu et de l'univers. Chacune de ces émanations a un rôle spécifique dans la construction du cosmos et dans la relation entre le Créateur et ses créations. Dans la pratique kabbalistique, l'étude et la méditation sur les Sephiroth aident à comprendre le chemin du retour à l'unité avec le divin, car chacune d'elles reflète une dimension de l'existence et de l'âme humaine.

La Kabbale n'est pas seulement une façon d'étudier le monde divin, mais aussi un chemin pour comprendre sa propre âme. Le concept d'"âme" dans la Kabbale est complexe et multidimensionnel, étant composé de différents niveaux. La compréhension de l'âme permet au kabbaliste d'explorer sa relation avec Dieu et le monde. La Kabbale, par conséquent, sert de pont entre le divin et l'humain, révélant que le microcosme (l'âme individuelle) est une représentation du macrocosme (l'univers divin). En plongeant dans les mystères de la Kabbale, l'individu est amené à reconnaître sa véritable essence et à s'aligner avec la volonté divine.

Pour les kabbalistes, la création de l'univers a été un acte d'amour divin, dans lequel Dieu s'est contracté, retirant une partie de Sa propre lumière pour donner de l'espace au monde. Ce processus est connu sous le nom de *tzimtzum*, une rétraction divine qui a permis la création. La lumière divine qui restait a ensuite été fragmentée en diverses émanations et manifestations qui ont donné naissance à tout ce qui existe. La Kabbale enseigne que le but de l'être humain est de découvrir cette lumière cachée au sein de la création et en lui-même, restaurant l'harmonie originelle qui a été rompue lors du processus de création.

Un autre concept central de la Kabbale est celui d'Ein Sof, le Dieu infini. Ein Sof représente l'aspect inaccessible de Dieu, au-delà de toute compréhension humaine. Dieu, dans la Kabbale, est vu comme à la fois transcendant et immanent, ce qui signifie qu'en même temps qu'Il est au-delà de notre compréhension, Il imprègne également toute la création. L'étude de la Kabbale est, par essence, la recherche de la compréhension de ce paradoxe : comment le divin peut-il être en tout et, en même temps, au-delà de tout ?

La Kabbale offre une vision dynamique de l'univers. Il ne s'agit pas d'un système statique de règles, mais d'un processus continu de création et de recréation. Le rôle de l'humanité dans ce processus est vital. Selon les enseignements kabbalistiques, chaque être humain a une mission dans le monde, une fonction dans la réparation de l'univers, connue sous le nom de *Tikoun Olam*, ou "réparation du monde". L'objectif est d'élever la création, en aidant à restaurer l'unité perdue entre le divin et le mondain. En réalisant des actes de bonté, en étudiant et en méditant sur les enseignements de la Kabbale, l'individu participe à cette grande mission.

Ainsi, la Kabbale n'est pas un système mystique isolé. Elle s'insère dans une tradition religieuse et spirituelle qui est profondément liée à la pratique quotidienne. Bien que souvent considérée comme ésotérique, ses principes ont des implications pratiques qui affectent la manière dont le kabbaliste voit et interagit avec le monde. La recherche de la connaissance de soi, le développement de l'âme et la participation active à la réparation du monde sont au cœur de la vie du kabbaliste.

De cette façon, la Kabbale se présente comme un voyage de transformation. Elle défie l'individu à regarder au-delà des apparences, cherchant le divin dans les profondeurs du monde et de lui-même. À travers l'étude de ses textes sacrés et la pratique de ses méditations, le kabbaliste peut commencer à dévoiler les mystères de la création et à trouver le chemin du retour à l'unité avec le divin, parcourant la carte spirituelle que la Kabbale offre comme un guide sûr pour ce voyage intérieur et universel.

La profondeur des enseignements de la Kabbale va au-delà d'une simple compréhension intellectuelle ; il s'agit d'une sagesse vivante qui imprègne tous les aspects de la vie quotidienne. En comprenant ses principes, le kabbaliste non seulement se connecte aux vérités mystiques, mais transforme également sa propre existence. La connaissance kabbalistique est une invitation à l'action : chaque pensée, chaque parole et chaque acte reflètent le flux divin et peuvent être un véhicule pour l'élévation spirituelle.

Au fil des siècles, diverses écoles de pensée ont émergé au sein de la Kabbale, chacune avec ses nuances et interprétations des enseignements sacrés. Ces différentes approches élargissent les possibilités d'application de la Kabbale dans la vie pratique. Deux des principales branches sont la Kabbale théorique et la Kabbale pratique. La première, également connue sous le nom de *Kabbalat Iyyunit*, se concentre sur la compréhension des systèmes métaphysiques, tels que l'Arbre de Vie, les Sephiroth et les Noms Divins. La seconde, appelée *Kabbalat Ma'asit*, comprend des techniques qui utilisent la connaissance des Noms Divins, des méditations et des amulettes pour influencer le monde spirituel et matériel.

Chacune de ces approches répond à différents besoins et niveaux de développement spirituel. La Kabbale théorique, en disséquant la complexité de la création et des émanations divines, invite le pratiquant à développer une profonde conscience des forces spirituelles. La Kabbale pratique, quant à elle, offre des outils concrets pour aligner la volonté humaine avec la volonté divine. Bien que la tradition rabbinique décourage généralement l'utilisation des techniques de la Kabbale pratique par des personnes qui n'ont pas encore atteint un niveau élevé de pureté spirituelle, la combinaison de l'étude et de la pratique — lorsqu'elle est réalisée avec respect et responsabilité — peut apporter un équilibre entre la compréhension théorique et l'expérience spirituelle.

L'un des piliers fondamentaux de la Kabbale est l'idée que tout dans l'univers est interconnecté. Les kabbalistes enseignent que le microcosme (l'être humain) est un reflet du macrocosme (l'univers). Cela signifie que chaque action de l'individu se répercute dans toute la création, influençant l'équilibre des forces cosmiques. Ce concept est illustré par la structure des Sephiroth, les émanations divines qui imprègnent tous les niveaux de l'existence, tant dans le monde spirituel que dans le monde physique. Chaque Sephirah reflète un aspect de Dieu, de la création et de l'âme humaine, et l'équilibre entre ces émanations est fondamental pour l'harmonie dans l'univers.

Comprendre le fonctionnement des Sephiroth et leur impact sur la vie quotidienne est l'un des premiers pas dans la quête spirituelle d'un kabbaliste. Ces émanations divines ne sont pas des entités isolées, mais font partie d'un système interconnecté qui reflète l'unité sous-jacente à toutes choses. L'être humain est considéré comme un co-créateur dans ce système. En réalisant des actions positives, conformes aux principes kabbalistiques, l'individu contribue à l'harmonisation des Sephiroth et à la restauration de l'harmonie dans le monde. D'un autre côté, les actions négatives peuvent provoquer un déséquilibre dans les émanations, générant le chaos et éloignant l'individu de la lumière divine.

En plus des Sephiroth, un autre concept clé de la Kabbale est l'idée que chaque personne possède une étincelle divine en elle, qui est toujours connectée à la source infinie de Dieu, l'Ein Sof. Cependant, cette connexion peut être obscurcie par les défis de la vie matérielle et par les désirs égoïstes. L'objectif spirituel de la Kabbale est d'aider le pratiquant à nettoyer ces obstructions et à se reconnecter à sa véritable essence divine. Pour cela, la pratique spirituelle kabbalistique propose la méditation et la contemplation des Sephiroth, ainsi que d'autres rituels qui permettent à l'individu d'élever sa conscience et de s'accorder à la volonté divine.

L'une des manières dont la Kabbale propose cette reconnexion est à travers l'étude du Zohar. Le Zohar enseigne que la création n'a pas été un événement unique, mais un processus continu de révélation divine. Le monde que nous connaissons n'est qu'une manifestation externe d'une réalité beaucoup plus profonde et complexe, qui est accessible par la contemplation mystique et la pratique spirituelle. En étudiant le Zohar, le kabbaliste commence à dévoiler ces niveaux cachés de la réalité et à comprendre comment la création est soutenue par la lumière divine à tout moment.

Dans la vie quotidienne, la Kabbale s'applique de diverses manières, souvent de manière subtile. L'une des pratiques les plus accessibles et transformatrices est le concept de *kavanah*, qui se réfère à l'intention consciente avec laquelle une personne réalise ses actions. Selon les enseignements kabbalistiques, ce n'est pas seulement ce que l'on fait qui importe, mais aussi le motif derrière l'action. En apportant une intention spirituelle aux activités mondaines, l'individu élève même les plus petites actions au rang de service divin. Par exemple, en récitant une bénédiction avec pleine conscience de sa signification et de sa connexion avec le divin, le kabbaliste transforme le simple acte de manger en un rituel sacré qui répare et élève la création.

Un autre aspect vital de la Kabbale dans la vie quotidienne est la recherche de l'équilibre. Les Sephiroth représentent différentes qualités divines — comme la miséricorde, la justice, la beauté et la sagesse — et le kabbaliste doit apprendre à manifester ces qualités de manière équilibrée dans sa vie. La pratique de la Kabbale enseigne que chaque personne a la responsabilité d'aligner ses actions avec les énergies de ces Sephiroth, en recherchant un état d'harmonie intérieure et extérieure. Par exemple, si une personne agit avec trop de sévérité (associée à la Sephirah de Guevourah), cela peut déséquilibrer sa vie et causer de la souffrance tant pour elle que pour les autres. Le chemin kabbalistique est le chemin de l'équilibre, où la miséricorde et la justice sont utilisées dans la juste mesure, générant une vie harmonieuse.

Il existe également des différences notables entre les courants kabbalistiques qui ont émergé au cours de l'histoire, en particulier entre la Kabbale de Safed, représentée par des figures comme le rabbin Isaac Louria (connu sous le nom d'Ari), et la Kabbale plus ancienne et médiévale. La Kabbale lourianiqye, par exemple, a introduit des concepts tels que le *tzimtzum* (la rétraction divine qui a permis la création), les "brisures des vases" (le processus de fragmentation des Sephiroth) et l'idée du *Tikoun Olam*, l'effort collectif pour réparer le monde fragmenté. Ces concepts ont donné à la Kabbale une nouvelle dimension pratique, axée sur le rôle actif de l'être humain dans la restauration de l'ordre cosmique.

Ces courants kabbalistiques divergents reflètent également différentes accentuations dans la manière dont les textes sacrés doivent être appliqués dans la vie pratique. Alors que certains kabbalistes se concentrent sur l'étude ésotérique des écritures et sur la contemplation méditative, d'autres sont plus intéressés par les applications pratiques, comme l'utilisation des Noms Divins pour la protection ou la guérison. Chaque courant offre une lentille unique à travers laquelle le pratiquant peut explorer la sagesse kabbalistique, permettant à l'étude de la Kabbale d'être à la fois un voyage intellectuel et une expérience profondément spirituelle.

Par conséquent, la Kabbale, malgré son caractère ésotérique, se connecte directement au quotidien, offrant au pratiquant un moyen d'intégrer ses enseignements à la vie pratique. Que ce soit par l'étude, la méditation ou des actes de bonté et de justice, le kabbaliste cherche constamment à élever son existence, révélant la lumière divine cachée dans chaque aspect de la création. À chaque pas de ce voyage, il se rapproche de son essence la plus profonde, s'alignant sur le flux continu de lumière qui émane de l'Ein Sof, l'infini divin.

En embrassant la pratique kabbalistique, l'individu non seulement se transforme lui-même, mais participe également activement à la réparation du monde, restaurant l'unité perdue entre le divin et le mondain. Le voyage de la Kabbale est ainsi un chemin de découverte de soi et de transcendance, où la connaissance ésotérique s'entrelace avec la vie quotidienne, résultant en une expérience spirituelle complète et transformatrice.

Chapitre 2
L'Arbre de Vie et les Dix Sefirot

L'Arbre de Vie, ou Etz Haïm en hébreu, est l'un des symboles les plus centraux et les plus puissants de la Kabbale. Il représente la structure mystique de l'univers et de l'âme humaine, une carte spirituelle qui révèle les émanations divines et la manière dont la création a été organisée. L'Arbre de Vie est composé de dix Sefirot, qui sont décrites comme des canaux par lesquels l'énergie divine circule et se manifeste à la fois dans le monde spirituel et dans le monde physique. Chaque Sefirah est l'expression d'une qualité divine, reflétant un aspect spécifique de Dieu et du cosmos.

L'Arbre de Vie est visuellement représenté comme un diagramme composé de dix sphères (les Sefirot) reliées par 22 chemins, chacun représentant l'une des lettres de l'alphabet hébraïque. Ces connexions montrent l'interdépendance et l'interaction entre les Sefirot, qui ne sont pas isolées, mais fonctionnent comme un système intégré de forces. La compréhension de cette structure est essentielle pour tout pratiquant de la Kabbale, car elle sert de clé pour comprendre le fonctionnement de l'univers et le rôle de l'être humain en son sein.

Les Sefirot sont organisées en trois colonnes : celle de droite, celle de gauche et celle du centre. La colonne de droite est généralement associée à la miséricorde et au flux expansif de l'énergie, tandis que la colonne de gauche représente la sévérité et le contrôle. La colonne centrale, quant à elle, reflète l'équilibre entre ces deux forces opposées, maintenant l'harmonie entre le jugement et la compassion. Cette division montre que la création de l'univers, selon la Kabbale, n'est pas chaotique, mais organisée selon des principes d'équilibre et de justice.

La première Sefirah au sommet de l'Arbre de Vie est Keter, qui signifie "couronne". Keter représente le point le plus élevé de toute la création, le seuil entre l'Ein Sof (l'infini) et le monde manifesté. Elle est la Sefirah la plus proche de la lumière divine et est associée à la pure volonté de Dieu, un désir de créer et de partager la lumière. Keter est au-delà de la compréhension humaine directe, car elle est liée au divin inaccessible, représentant l'aspect le plus caché de Dieu.

Juste en dessous de Keter se trouvent les deux Sefirot qui forment la première paire de forces opposées dans l'Arbre : Chochmah et Binah. Chochmah, qui signifie "sagesse", est à droite et symbolise le principe actif et créatif. C'est l'étincelle d'inspiration, la pensée originale qui surgit de manière soudaine, une idée qui n'a pas encore été complètement développée. Binah, qui signifie "compréhension", est à gauche et représente le principe réceptif et formateur. Si Chochmah est l'éclair d'inspiration, Binah est le processus qui organise et donne forme à cette idée, la structurant en un concept compréhensible.

Ces deux Sefirot, Chochmah et Binah, travaillent ensemble, et leur équilibre est fondamental. Chochmah sans Binah serait une créativité incontrôlée, sans structure, tandis que Binah sans Chochmah résulterait en rigidité et stagnation, sans espace pour l'innovation. Cette interdépendance reflète la nécessité d'équilibre entre les forces opposées à tous les niveaux de l'existence, de l'esprit humain à la création de l'univers.

En dessous de Chochmah et Binah, nous trouvons Da'at, une Sefirah cachée, qui n'est pas comptée parmi les dix traditionnelles, mais qui joue un rôle important dans l'équilibre de l'Arbre de Vie. Da'at signifie "connaissance" et est le point d'intégration entre Chochmah et Binah. Elle représente la conscience qui émerge lorsque la sagesse et la compréhension s'unissent, créant une perception complète et profonde de la réalité.

En suivant la colonne centrale, en dessous de Keter, se trouve Tiferet, la Sefirah de la "beauté" ou "harmonie". Tiferet est le cœur de l'Arbre de Vie et symbolise l'intégration entre la miséricorde et la sévérité, entre l'amour expansif de Chesed et le jugement restrictif de Guebourah, les Sefirot qui se trouvent au-dessus de Tiferet dans les colonnes de droite et de gauche, respectivement. Tiferet est également associée à l'équilibre émotionnel et à la compassion, représentant l'amour qui est tempéré par la justice et la justice qui est adoucie par l'amour.

Chesed, la Sefirah de la miséricorde et de la bonté, est située dans la colonne de droite de l'Arbre de Vie. Elle est expansive et illimitée, représentant la bienveillance divine qui coule sans restrictions. Chesed est la force qui impulse la création et l'amour inconditionnel. Cependant, cette expansion doit être équilibrée par la force de Guebourah, qui signifie "force" ou "jugement". Située dans la colonne de gauche, Guebourah représente la discipline, la contention et les limites nécessaires pour que la création ne se désintègre pas dans le chaos. L'interaction entre ces deux forces — la miséricorde de Chesed et la sévérité de Guebourah — est essentielle pour l'harmonie de l'univers.

L'équilibre parfait de ces deux forces opposées se trouve dans Tiferet, qui est souvent décrite comme la Sefirah associée au concept de beauté justement pour sa capacité à harmoniser et équilibrer les extrêmes. Tiferet est également liée à la figure du Messie dans la tradition kabbalistique, étant le point de médiation entre le divin et l'humain, entre le ciel et la terre. La beauté de Tiferet est l'expression de l'harmonie parfaite entre les forces de l'amour et de la justice.

En dessous de Tiferet, nous trouvons deux Sefirot qui représentent la manifestation plus concrète des forces spirituelles : Netzach et Hod. Netzach, qui signifie "éternité" ou "victoire", est située dans la colonne de droite et est associée à la persistance, au mouvement et à l'énergie qui propulse la création vers l'avant. Elle reflète la force divine qui garantit la continuité et la victoire sur les défis. Hod, qui signifie "gloire", est dans la colonne de gauche et représente la réceptivité, l'humilité et la capacité de refléter la lumière divine. Netzach et Hod travaillent ensemble comme les forces de l'impulsion et de la réception, ce qui maintient l'équilibre dans les actions humaines et dans la création divine.

Les deux dernières Sefirot sont Yesod et Malkhout. Yesod, qui signifie "fondation", est la Sefirah qui collecte et canalise les énergies des Sefirot supérieures vers le monde physique. Elle est l'intermédiaire entre le monde spirituel et le monde matériel, fonctionnant comme un pont qui permet aux forces divines d'être manifestées dans la réalité concrète. Yesod est également associée à la communication, au lien et à la sexualité sacrée, représentant l'union créatrice entre le divin et l'humain.

Malkhout, qui signifie "royaume", est la Sefirah la plus basse de l'Arbre de Vie et est liée au monde physique et matériel. C'est à travers Malkhout que toutes les énergies des Sefirot supérieures sont finalement manifestées dans le monde. Elle représente la réceptivité pure, l'espace dans lequel les forces divines peuvent s'exprimer pleinement. Bien que Malkhout soit la dernière Sefirah, elle n'est pas moins importante ; au contraire, elle est fondamentale, car c'est dans le royaume matériel que la volonté divine est accomplie.

L'Arbre de Vie, avec ses dix Sefirot, est plus qu'un simple diagramme. Il est une représentation symbolique de la dynamique créatrice de l'univers et un reflet du chemin spirituel que chaque individu doit parcourir. En comprenant et en méditant sur les Sefirot, le kabbaliste cherche à aligner son âme avec ces forces cosmiques, apportant harmonie et équilibre tant à sa vie personnelle qu'au monde qui l'entoure. Chaque Sefirah est une porte d'entrée vers un niveau plus profond de compréhension spirituelle et une invitation à la transformation personnelle.

Maintenant que la structure de l'Arbre de Vie et les dix Sefirot ont été introduites, il est essentiel d'approfondir la compréhension de chacune d'elles de manière plus détaillée. En plus d'être des concepts abstraits, les Sefirot représentent des énergies qui peuvent être intégrées dans la vie pratique du kabbaliste. Chaque Sefirah ne reflète pas seulement une qualité divine, mais est aussi un reflet des caractéristiques et des potentialités qui existent dans l'être humain. La méditation et le travail avec les Sefirot permettent au pratiquant d'harmoniser ces énergies dans sa vie, créant un équilibre entre le spirituel et le matériel.

Keter est le principe de la création, et son essence est la pure volonté de Dieu. Elle représente le moment avant la manifestation, l'impulsion divine qui initie le processus créatif. Pour l'être humain, Keter reflète le potentiel le plus élevé de l'âme, l'état de pure intention. La pratique liée à Keter implique la contemplation de la volonté et du but les plus élevés. Lorsqu'une personne aligne sa propre volonté avec le désir divin, elle devient un canal pour l'expression de cette lumière créatrice. La méditation sur Keter peut aider à développer une plus grande clarté de but et la connexion avec le potentiel infini.

Chochmah, la sagesse, est la source de toutes les idées et inspirations. C'est un flux constant d'intuition et d'insight qui se manifeste de manière immédiate et complète. Chochmah n'est pas quelque chose qui peut être étudié ou appris directement, mais c'est une énergie qui peut être éveillée. Dans la vie pratique, Chochmah est la capacité de recevoir des insights instantanés et d'agir à partir de la sagesse intuitive. La méditation sur Chochmah implique l'ouverture à recevoir la lumière divine sans blocages, permettant à l'intuition de se manifester de manière spontanée. Cet état d'ouverture peut être cultivé par la confiance et l'abandon au flux de la sagesse divine.

Binah, la compréhension, complète Chochmah. Si Chochmah est l'étincelle de l'inspiration, Binah est le processus de développer, d'organiser et de structurer cette inspiration en quelque chose de concret et de compréhensible. Dans la pratique, Binah est liée à la capacité d'analyse, de planification et de trouver des solutions aux défis de la vie. Méditer sur Binah aide à approfondir la compréhension des situations, permettant une vision claire et détaillée de ce qui est devant nous. En intégrant Chochmah et Binah, le kabbaliste équilibre l'intuition avec le raisonnement logique, créant un flux harmonieux de pensée et d'action.

Da'at, la connaissance, bien qu'étant une Sefirah "cachée", joue un rôle crucial dans l'intégration de ces forces. Dans la vie pratique, Da'at représente la conscience, la capacité de percevoir et de comprendre les phénomènes avec clarté. C'est le point où la sagesse et la compréhension s'unissent, créant un état de véritable compréhension. Pour travailler avec Da'at, le kabbaliste cherche à développer une conscience profonde de lui-même et du monde qui l'entoure, maintenant la connexion avec le divin dans toutes les actions. Cela nécessite d'être présent et conscient dans le moment, avec une perception claire de l'unité qui imprègne toutes les choses.

Chesed, la bonté ou la miséricorde, est l'énergie expansive et généreuse de l'univers. Au niveau humain, Chesed représente l'amour inconditionnel, la compassion et la volonté de donner sans rien attendre en retour. Pratiquer Chesed implique l'acte d'être généreux, tant matériellement qu'émotionnellement. La méditation sur Chesed aide à développer un cœur ouvert et aimant, stimulant le flux de la bonté dans toutes les interactions. Cependant, sans équilibre, Chesed peut se transformer en indulgence ou en perte de contrôle, c'est pourquoi il est essentiel de l'harmoniser avec Guebourah.

Guebourah, la force ou le jugement, est l'énergie qui impose des limites et de la discipline. Tandis que Chesed s'étend, Guebourah restreint, créant des structures et des moules qui sont essentiels pour la croissance et la stabilité. Dans la vie pratique, Guebourah se manifeste comme la capacité de dire "non", d'établir des frontières saines et d'exercer l'autocontrôle. La méditation sur Guebourah permet au kabbaliste d'apprendre à être ferme et discipliné, sans tomber dans les excès de sévérité ou de rigidité. L'équilibre entre Chesed et Guebourah est fondamental pour une vie harmonieuse, où la compassion est guidée par la sagesse et le discernement.

L'équilibre entre ces deux forces opposées se trouve dans Tiferet, qui est décrite comme la Sefirah de la beauté et de l'harmonie. Tiferet représente le point d'équilibre parfait entre la bonté et le jugement, créant un état de compassion équilibrée. Dans la pratique, Tiferet est la capacité de voir la beauté en toutes choses, maintenant l'harmonie entre les forces internes et externes. La méditation sur Tiferet aide à développer la compassion équilibrée, qui n'est ni indulgente ni sévère, mais qui se base sur la vérité et l'amour. Cet équilibre est ce qui crée une vie belle et spirituellement alignée.

Netzach, la victoire ou l'éternité, est la Sefirah de la persévérance et de la force de volonté. Netzach pousse la personne à continuer son chemin, même face aux obstacles. Dans la vie pratique, Netzach se manifeste comme la détermination et la capacité de surmonter les défis, en maintenant le focus sur les objectifs à long terme. La méditation sur Netzach renforce la persistance et le pouvoir de continuer à avancer, surtout lorsque les situations semblent difficiles ou sans solution apparente.

Hod, la gloire, est liée à l'humilité et à la gratitude. Si Netzach est la force qui nous pousse vers l'avant, Hod est la capacité de reculer, de réfléchir et de reconnaître la valeur des choses et des personnes qui nous entourent. Dans la pratique, Hod représente l'acceptation de la vulnérabilité et l'humilité de reconnaître que le pouvoir divin est derrière toutes les réalisations. La méditation sur Hod enseigne l'importance de la gratitude et de l'acceptation, permettant à la personne de voir la beauté et la valeur dans les petites choses et dans les moments de pause et de réflexion.

Yesod, la fondation, agit comme un pont entre les Sefirot supérieures et le monde physique, manifestant toutes les énergies spirituelles dans la réalité matérielle. Yesod est associée à la connexion, à la communication et à la sexualité sacrée, et est la Sefirah qui permet à la créativité divine de s'exprimer dans le monde. Dans la pratique, Yesod est la capacité de concrétiser les idées et les désirs de manière équilibrée et saine. La méditation sur Yesod renforce la connexion avec les énergies supérieures, garantissant que les intentions spirituelles soient manifestées dans la vie de manière éthique et consciente.

Enfin, Malkhout, le royaume, est la Sefirah qui gouverne le monde physique et matériel. Bien qu'elle soit la dernière des Sefirot, Malkhout n'est pas une Sefirah passive. Elle représente la réceptivité pure, mais aussi la capacité de gouverner et de manifester les énergies divines dans le monde matériel. Malkhout est la force qui donne une forme concrète au dessein divin et à la volonté humaine. Dans la vie pratique, Malkhout est la capacité de s'enraciner dans la réalité, de vivre pleinement dans le monde physique sans perdre la connexion avec le divin. La méditation sur Malkhout enseigne l'importance d'être présent dans l'ici et maintenant, intégrant toutes les leçons spirituelles dans la vie quotidienne.

L'équilibre entre toutes ces Sefirot est essentiel. Le kabbaliste, en méditant et en travaillant avec chacune d'elles, cherche non seulement à comprendre les différentes facettes de la création, mais aussi à intégrer ces énergies dans sa propre vie. Les Sefirot ne sont pas simplement des concepts métaphysiques ; elles sont des forces vivantes qui sont en constante interaction dans l'univers et à l'intérieur de chaque être humain. Le rôle du pratiquant est d'apprendre à reconnaître ces énergies et à travailler avec elles de manière consciente, équilibrée et harmonieuse.

En appliquant les leçons de l'Arbre de Vie, le kabbaliste non seulement transforme sa vie intérieure, mais contribue également à la correction du monde extérieur, participant activement à la création continue de l'univers. L'équilibre entre les forces des Sefirot permet à l'individu d'atteindre un état d'unité intérieure, s'alignant avec les lois spirituelles qui gouvernent la réalité. De cette manière, la pratique de la Kabbale offre non seulement une compréhension intellectuelle de la création, mais une expérience vivante de connexion et d'harmonie avec le divin, le monde et l'âme elle-même.

Chapitre 3
La Dualité et l'Unité dans le Système Cabalistique

La Kabbale est profondément marquée par la présence de la dualité, reflétant une vision du monde où des forces opposées coexistent et interagissent de manière continue. Lumière et obscurité, bien et mal, masculin et féminin — ces polarités sont essentielles tant dans la création de l'univers que dans le développement spirituel de l'individu. Cependant, la dualité dans la Kabbale n'implique pas une division irréconciliable. Au contraire, elle est vue comme faisant partie d'un processus dynamique qui vise, in fine, à atteindre l'unité. Cette tension entre les opposés n'est pas quelque chose à craindre ou à éviter, mais à comprendre et à intégrer comme une force créatrice fondamentale.

Le concept de dualité se manifeste dans de nombreux aspects de la Kabbale, l'un des plus importants étant la relation entre les colonnes de droite et de gauche dans l'Arbre de Vie. Comme nous l'avons vu précédemment, la colonne de droite, qui comprend les Séphiroth Chesed (miséricorde) et Netzach (victoire), est associée à l'expansion, à la générosité et au flux constant d'énergie. D'autre part, la colonne de gauche, composée de Guevourah (jugement) et Hod (gloire), représente la contraction, la discipline et les limites. Ces deux colonnes sont des forces opposées qui, bien que différentes, sont également nécessaires à la création et au maintien de l'ordre dans l'univers. Aucune ne peut exister sans l'autre, et l'équilibre entre elles est ce qui soutient l'harmonie.

La dualité entre expansion et contraction, ou entre miséricorde et jugement, se reflète à de nombreux niveaux de l'existence. Au niveau cosmique, elle peut être observée dans la création même du monde. Selon la Kabbale, Dieu a initié le processus créatif par le biais du tzimtzum, la rétraction ou contraction de Sa lumière infinie pour donner de l'espace à l'existence. Cet acte de contraction a été suivi par l'expansion de la création, où la lumière divine a été canalisée à travers les Séphiroth, se manifestant dans l'univers physique. Ainsi, la création est, par nature, un processus de tension entre les forces expansives et contractives, qui doivent être en équilibre pour que le cosmos reste stable.

Au niveau humain, la dualité est également présente. Tout individu porte en lui ces forces opposées et vit constamment entre le désir d'expansion — d'exprimer sa créativité, sa bonté et sa générosité — et le besoin de se restreindre, de se discipliner et de s'imposer des limites. La pratique spirituelle cabalistique enseigne que l'objectif n'est pas de supprimer l'une de ces forces, mais plutôt de les intégrer de manière équilibrée. La véritable sagesse réside dans le fait de savoir quand être expansif et quand se retirer, quand agir avec miséricorde et quand exercer le jugement.

La dualité apparaît également dans l'interaction entre le masculin et le féminin. Dans la Kabbale, ce ne sont pas seulement des caractéristiques biologiques, mais des forces archétypales présentes dans tous les aspects de la création. Le masculin est associé à l'énergie active, créatrice et donneuse, tandis que le féminin est lié à l'énergie réceptive, nourricière et formatrice. Ces énergies ne sont pas liées exclusivement aux hommes ou aux femmes, mais font partie de la nature de tous les êtres humains et de tout le cosmos. Dans l'Arbre de Vie, les Séphiroth qui appartiennent à la colonne de droite sont considérées comme plus masculines, tandis que celles de la colonne de gauche sont plus féminines. L'équilibre entre ces forces est fondamental pour l'harmonie cosmique et personnelle.

La relation entre le masculin et le féminin dans la Kabbale va au-delà de la simple opposition des genres. Le Zohar, par exemple, parle de l'union entre Zeir Anpin (un aspect masculin de Dieu) et Malkhout (l'aspect féminin), qui symbolise l'union entre le divin et le monde physique, entre le spirituel et le matériel. Cette union est considérée comme essentielle à la continuité de la création et au processus de réparation spirituelle. Dans la pratique cabalistique, cette harmonie entre le masculin et le féminin est également quelque chose que le pratiquant cherche à refléter dans sa vie intérieure, en cultivant à la fois la force active et la force réceptive en lui-même.

Un autre aspect important de la dualité cabalistique est la lutte entre la lumière et l'obscurité, le bien et le mal. Selon les enseignements de la Kabbale, le mal n'est pas une force externe isolée, mais une conséquence du déséquilibre. Lorsque les forces créatrices de l'univers se désalignent ou lorsque l'être humain agit de manière dysharmonieuse, le mal se manifeste. Le mal, dans la Kabbale, n'est pas absolu ; il existe comme une possibilité qui résulte du libre arbitre humain et de la fragmentation des énergies divines. Cette vision met l'accent sur la responsabilité humaine de restaurer l'équilibre et de transformer les forces négatives en forces positives.

Le processus d'élévation spirituelle et de correction du mal est connu sous le nom de Tikoun. À travers le Tikoun, le cabaliste cherche à identifier les zones de sa vie où il y a un déséquilibre et à travailler pour les corriger, que ce soit par des actes de bonté, de prière, d'étude ou de méditation. La Kabbale enseigne que le mal ne doit pas être rejeté ou détruit, mais transformé. Cela reflète l'idée centrale selon laquelle la dualité — même entre la lumière et l'obscurité — fait, au fond, partie d'un tout plus grand. Le travail du cabaliste consiste à reconnaître la lumière cachée dans l'obscurité et à la faire émerger.

L'unité, qui est l'objectif ultime du système cabalistique, ne peut être atteinte qu'après l'intégration des dualités. La Kabbale enseigne que Dieu est absolument un, mais que cette unité se manifeste à travers la multiplicité de la création. Les Séphiroth, bien qu'elles semblent être des forces séparées et opposées, sont en fait des aspects différents d'une unique source divine. De même, la dualité dans le monde matériel est une illusion ; la vérité ultime est que toutes les forces opposées sont, en fait, unifiées dans leur essence. Cette vision de l'unité se reflète dans la pratique spirituelle, où l'objectif final est de transcender la perception dualiste et d'atteindre une conscience d'unité avec le divin.

Au niveau personnel, cela signifie que le pratiquant de la Kabbale cherche à harmoniser les forces opposées en lui-même. L'équilibre entre l'expansion et la contraction, le masculin et le féminin, la lumière et l'obscurité, crée un état d'alignement spirituel où l'âme peut s'unir à la lumière divine. Ce processus est continu et exige une attention constante aux énergies en jeu, tant au niveau interne qu'externe. Le cabaliste reconnaît que la vie est un champ de bataille entre des forces opposées, mais que ce conflit est ce qui génère la croissance et la transformation.

L'unité recherchée dans la Kabbale n'est pas une annulation des différences, mais plutôt une intégration harmonieuse de celles-ci. Le cabaliste comprend que les polarités sont nécessaires au développement spirituel et que la véritable réalisation vient lorsque ces forces sont mises en harmonie. Cela s'applique aussi bien à la pratique individuelle qu'au monde en général, où l'équilibre entre les énergies opposées conduit à la paix et à la plénitude.

Par conséquent, la dualité, loin d'être un obstacle, est considérée comme un outil essentiel pour la création et la croissance. La pratique de la Kabbale enseigne comment naviguer sur ce terrain de tensions créatrices, en utilisant la sagesse pour équilibrer les forces opposées et, ainsi, se rapprocher de l'unité divine. En apprenant à travailler avec les polarités, le cabaliste non seulement s'élève spirituellement, mais contribue également à l'équilibre et à l'harmonie de l'univers. Le voyage de la dualité à l'unité est, en fin de compte, le chemin du retour à la source divine, où toutes les distinctions se dissolvent dans la lumière de l'infini. La dualité, bien qu'essentielle à la création, ne doit pas être considérée comme un état définitif dans la vie spirituelle. L'objectif du cabaliste est d'apprendre à intégrer ces forces opposées, non seulement dans la compréhension intellectuelle, mais dans la pratique quotidienne, dans le but d'atteindre l'unité intérieure. Cependant, cette intégration est un processus qui demande de l'attention et une connaissance de soi, car il implique de reconnaître les forces d'expansion et de contraction, de lumière et d'obscurité, de masculin et de féminin, en soi et dans le monde qui nous entoure.

Dans la vie quotidienne, les forces opposées de la création se manifestent par des conflits internes, des défis externes et des tensions émotionnelles. L'une des premières étapes pour travailler avec ces forces est de reconnaître que la dualité n'est pas quelque chose à éliminer, mais une opportunité de croissance. L'être humain, tout comme l'univers, est constitué de ces polarités, et l'équilibre n'est atteint que lorsqu'il y a une acceptation consciente de ces forces. La Kabbale enseigne que ces tensions sont une partie essentielle du processus d'élévation spirituelle et que la tentative de leur échapper peut entraîner la stagnation.

L'une des méthodes cabalistiques les plus efficaces pour faire face à ces forces internes est la méditation sur les Séphiroth de l'Arbre de Vie. Comme nous l'avons vu précédemment, les Séphiroth représentent différents aspects de la création et de l'âme humaine. Chacune d'elles porte une énergie particulière, et l'objectif est d'atteindre un équilibre dynamique entre ces énergies. Par exemple, si une personne s'aperçoit que sa vie est excessivement axée sur la générosité sans limites (une manifestation de Chesed), cela peut l'amener à l'épuisement ou au manque de discernement. L'équilibre est trouvé en cultivant la force de Guevourah, qui apporte discipline et limites saines. Ce travail d'équilibre interne n'est pas simplement un processus mental ou abstrait, mais doit se refléter dans les actions et les décisions quotidiennes. La dualité entre expansion et contraction peut être vécue dans des situations courantes, comme la façon de gérer les relations, le travail et les responsabilités personnelles. Le cabaliste qui est conscient de ces énergies en jeu sera en mesure de prendre des décisions plus équilibrées, sans tomber dans les extrêmes de l'indulgence ou de la rigidité. Cet équilibre, cependant, n'est pas une formule fixe, mais quelque chose qui doit être ajusté continuellement, en fonction des circonstances et des besoins spirituels de chaque instant.

La Kabbale offre plusieurs enseignements sur la manière d'intégrer ces forces opposées dans une pratique spirituelle consciente. L'un des concepts centraux de ce processus est la kavana, ou l'intention. En apportant une intention claire à chaque action, le pratiquant transforme même les actes les plus simples en opportunités d'élévation spirituelle. Lorsque l'on agit avec kavana, la dualité entre le sacré et le profane se dissout, et toutes les actions, aussi banales qu'elles paraissent, deviennent des canaux d'expression pour les forces divines. Cet état de conscience unifiée permet au pratiquant d'apporter de l'harmonie dans sa vie, en intégrant la miséricorde et le jugement, l'action et la réceptivité. Un autre aspect crucial de ce processus est la reconnaissance des ombres intérieures, ou des "forces négatives" qui résident dans la psyché humaine. Dans la Kabbale, les forces négatives ne sont pas considérées comme quelque chose à simplement réprimer ou détruire, mais comme des opportunités de transformation. Le mal, ou l'obscurité, est le résultat de déséquilibres et de fragmentations dans l'âme, et le travail spirituel consiste à identifier ces zones d'ombre et à travailler avec elles de manière constructive. La transformation du mal en bien est l'un des piliers du Tikoun, la correction spirituelle qui vise à restaurer l'harmonie dans l'univers.

Des pratiques de méditation cabalistique, comme la contemplation des Séphiroth ou l'invocation des Noms Divins, sont des outils puissants pour reconnaître et intégrer ces ombres. Par exemple, en méditant sur Tiphereth, le cabaliste cherche à atteindre un état de compassion équilibrée, où la justice et la miséricorde ne sont pas en conflit, mais en harmonie. De même, en travaillant avec Netzach et Hod, le pratiquant apprend à équilibrer la détermination et la persévérance avec l'humilité et la gratitude. Ces exercices spirituels aident à apporter de la lumière dans les zones d'obscurité interne, favorisant un processus de guérison et d'élévation. De plus, la Kabbale souligne l'importance d'équilibrer les énergies masculines et féminines en soi.

Quel que soit le sexe, chaque individu porte ces deux énergies archétypales. Le masculin, représenté par la force active, expansive et créatrice, doit être équilibré par le féminin, qui symbolise la réceptivité, l'intuition et la capacité de nourrir. Lorsque ces aspects sont déséquilibrés, il peut y avoir des conflits internes, de l'insatisfaction et un manque de direction spirituelle. Le cabaliste qui intègre le masculin et le féminin en lui-même atteint une unité interne, permettant à ces énergies de circuler librement et de se manifester de manière saine.

Cet équilibre entre le masculin et le féminin est également fondamental dans les relations interpersonnelles. La Kabbale enseigne que les relations sont des miroirs des forces opposées qui habitent chaque individu. La tension qui surgit dans les interactions humaines est souvent le reflet du déséquilibre entre ces énergies internes. C'est pourquoi les relations, en particulier les plus intimes, sont considérées comme une opportunité de croissance spirituelle, où l'individu peut apprendre à équilibrer ses propres polarités en interagissant avec l'autre. L'harmonie dans les relations, selon la Kabbale, ne peut être atteinte que lorsqu'il y a une intégration des énergies opposées au sein de chaque personne.

En plus des pratiques méditatives et de la kavana, la Kabbale offre d'autres outils pour faire face à la dualité et travailler vers l'unité. L'une d'elles est la pratique de la prière cabalistique, où le pratiquant utilise des Noms Divins et des formules spécifiques pour aligner sa volonté sur la volonté divine. Ces prières sont considérées comme un moyen d'harmoniser les forces de l'univers, d'apporter de la lumière dans les zones d'obscurité et de créer un état d'équilibre spirituel. En invoquant ces Noms Divins avec une intention pure, le cabaliste peut accéder à des énergies qui aident à dissiper l'obscurité et à restaurer l'unité. Le concept de Tikoun Olam, ou la réparation du monde, s'applique également au processus d'intégration de la dualité. Dans la mesure où l'individu travaille à équilibrer ses propres forces internes, il contribue à la restauration de l'équilibre dans le monde extérieur. La Kabbale enseigne que le microcosme (l'être humain) reflète le macrocosme (l'univers), et chaque acte de correction personnelle a un impact direct sur l'harmonie de l'univers. Ainsi, le travail spirituel du cabaliste n'est pas seulement un chemin individuel, mais une responsabilité collective. La transformation personnelle conduit à la transformation du monde, et l'unité interne reflète l'unité cosmique.

Enfin, la quête de l'unité dans la Kabbale est un voyage continu d'intégration. Il ne s'agit pas d'atteindre un état statique de perfection, mais d'apprendre à naviguer dans les forces opposées de la vie avec sagesse et équilibre. La dualité est une partie intrinsèque de la création, et le cabaliste, en acceptant et en travaillant avec ces polarités, se dirige vers un état d'unité de plus en plus profond. L'objectif ultime est de transcender la perception limitée de la séparation et de la dualité, en atteignant une conscience que toutes les forces, qu'elles soient de lumière ou d'obscurité, masculines ou féminines, sont des expressions d'une unique source divine.

Cet état d'unité, connu sous le nom d'achdout, est le sommet du chemin spirituel cabalistique. C'est la perception que toutes les divisions sont illusoires et que, derrière toutes les polarités, il existe une vérité unificatrice. En atteignant cette conscience, le cabaliste non seulement trouve la paix intérieure, mais contribue également à la restauration de la paix et de l'harmonie dans le monde. La dualité, une fois intégrée et équilibrée, se dissout dans la lumière infinie de l'Ein Sof, révélant la vérité essentielle que tout est un.

Chapitre 4
Les Quatre Mondes de la Kabbale

La Kabbale offre une vision profonde et multiforme de la création, divisant l'existence en quatre niveaux principaux connus sous le nom des Quatre Mondes. Ces mondes reflètent différents stades de proximité avec la divinité et sont fondamentaux pour comprendre le processus de manifestation de l'esprit dans le monde physique. Chaque monde représente une réalité spirituelle distincte et correspond à une couche de la relation entre le Créateur et la création. Ces Quatre Mondes sont : Assiyah (Action), Yetzirah (Formation), Beriah (Création) et Atzilout (Émanation). Ensemble, ils décrivent le voyage de l'énergie divine depuis son état le plus pur jusqu'à sa concrétisation sur le plan matériel.

Le premier monde, Assiyah, est le monde de l'action et de la matérialité. Il correspond au plan physique et sensoriel, où la création se manifeste de manière tangible. Assiyah est le royaume des actions et des conséquences, le plan sur lequel les choix humains se concrétisent et les événements se déroulent selon les lois naturelles et spirituelles. Dans le système kabbalistique, c'est le monde le plus éloigné de la lumière divine originelle, étant marqué par la densité et la dualité. Cependant, c'est ici que la mission spirituelle se concrétise, car c'est dans ce monde que l'âme incarnée a l'opportunité de réaliser des actions pour transformer et élever sa propre existence et l'environnement qui l'entoure.

Yetzirah, le deuxième monde, est le monde de la formation. À ce niveau, la création n'est pas encore physique, mais elle commence à prendre forme et définition. Yetzirah est le plan des émotions, des forces invisibles et des énergies qui façonnent la réalité. C'est le domaine des anges et des entités spirituelles qui aident à diriger et à influencer le flux d'énergie dans l'univers. Yetzirah est également associé au plan des émotions humaines, étant le point de rencontre entre l'esprit et le cœur. Les influences de Yetzirah façonnent nos sentiments et nos réactions émotionnelles, et c'est dans ce monde que le kabbaliste peut commencer à percevoir comment ses émotions et ses pensées affectent sa réalité physique.

Le troisième monde, Beriah, est le monde de la création. Ici, l'énergie divine commence à prendre forme en concepts abstraits et en idées, mais elle n'est pas encore façonnée de manière physique. Beriah est le royaume de l'esprit et de la compréhension, où surgissent les idées et les pensées qui, éventuellement, se manifesteront dans les plans inférieurs. Ce monde est intimement lié à la Sephirah Binah, l'entendement. Au niveau humain, Beriah est l'endroit où se développent les concepts les plus profonds de l'existence, la sagesse spirituelle et l'intuition. L'esprit est capable d'atteindre de nouveaux niveaux de compréhension sur ce plan, mais il a encore besoin de Yetzirah et d'Assiyah pour concrétiser ces pensées en actions dans le monde physique.

Le quatrième et le plus élevé des mondes est Atzilout, le monde de l'émanation. C'est le monde le plus proche de la source divine, le plan le plus pur et abstrait de l'existence, où la lumière de Dieu n'est pas encore voilée. Atzilout est le domaine des Sephirot supérieures et de l'énergie divine non corrompue, où tout fait encore partie de l'unité divine. À ce niveau, il n'y a pas de séparation entre le Créateur et la création ; les émanations divines fluent directement de la source. Atzilout est associé à la Sephirah Chokhmah, la sagesse pure et intuitive, et reflète l'état de conscience dans lequel la dualité n'existe pas, et où tout est perçu comme faisant partie du tout divin.

Ces Quatre Mondes ne sont pas des lieux physiques, mais des niveaux de conscience et d'existence qui coexistent simultanément. L'âme humaine, selon la Kabbale, a la capacité de se mouvoir entre ces mondes, en fonction de son niveau de développement spirituel et de sa capacité à élever sa conscience. Dans son état le plus basique, l'âme réside dans le monde d'Assiyah, opérant sur le plan physique et sensoriel. À mesure que l'âme se purifie et s'élève, elle peut atteindre les niveaux plus subtils de Yetzirah, Beriah et, finalement, Atzilout, où l'union avec le divin est plus directe.

Chacun des mondes possède sa propre structure et hiérarchie, étant gouverné par différentes forces et entités spirituelles. En Assiyah, par exemple, nous trouvons les forces naturelles et les anges qui supervisent le monde physique, tandis qu'en Yetzirah, les forces spirituelles liées aux émotions et aux sentiments humains sont plus actives. En Beriah, la création abstraite et les idées sont au centre des attentions, tandis qu'Atzilout est purement un état d'unité avec l'essence divine. Ainsi, l'interaction entre ces mondes influence directement tant le macrocosme (l'univers) que le microcosme (l'être humain).

Le voyage spirituel du kabbaliste n'est donc pas seulement une quête de compréhension intellectuelle, mais un effort conscient pour élever l'âme à travers ces niveaux d'existence. L'objectif final est d'atteindre Atzilout, le monde de l'émanation, où l'âme peut expérimenter l'unité avec Dieu. Pour atteindre cette élévation, la Kabbale offre diverses pratiques, y compris la méditation sur les Sephirot, la prière avec kavanah (intention focalisée) et l'étude approfondie des textes sacrés. Ces pratiques permettent au kabbaliste d'élargir sa conscience et d'accéder aux mondes supérieurs, apportant plus de lumière et de clarté à sa vie sur le plan matériel.

L'idée que les Quatre Mondes sont interconnectés implique également que nos actions dans le monde d'Assiyah peuvent affecter les niveaux supérieurs de Yetzirah, Beriah et Atzilout. La Kabbale enseigne que chaque action, pensée et émotion génère un impact spirituel qui se répercute à travers les mondes. Lorsqu'une personne agit de manière consciente et spirituelle, elle élève non seulement elle-même, mais aussi l'environnement qui l'entoure, contribuant à l'élévation du monde physique. De même, les actions dénuées de conscience spirituelle peuvent créer des blocages qui empêchent le flux d'énergie entre les mondes.

Cette vision de l'interconnexion des mondes reflète l'importance de la responsabilité individuelle au sein du système kabbalistique. Le Tikoun Olam, le concept de réparation du monde, est une mission collective, mais elle commence par la réparation individuelle. En élevant sa propre conscience et en travaillant à équilibrer ses émotions et ses actions, le kabbaliste contribue à l'harmonisation des mondes supérieurs et à la réparation de l'univers. L'élévation de l'âme à travers les Quatre Mondes n'est pas seulement un voyage individuel, mais un processus qui bénéficie à toute la création.

L'étude des Quatre Mondes offre également au kabbaliste une carte détaillée du voyage spirituel. Savoir à quel niveau de conscience l'âme opère permet au pratiquant d'identifier les obstacles et les défis qui doivent être surmontés pour avancer. En comprenant comment les mondes sont interconnectés, le kabbaliste peut utiliser cette sagesse pour ajuster sa pratique spirituelle et sa vie quotidienne, de manière à aligner sa conscience avec les niveaux les plus élevés de l'existence.

Ainsi, les Quatre Mondes de la Kabbale ne sont pas seulement une explication théorique de l'univers, mais un outil pratique pour la transformation spirituelle. Ils fournissent un chemin clair pour l'élévation de l'âme, offrant des aperçus sur la nature de l'existence et la relation entre le divin et le matériel. En méditant sur les

Quatre Mondes et en cherchant à intégrer leurs enseignements dans la vie quotidienne, le kabbaliste commence à voir la réalité avec des yeux nouveaux, percevant l'unité sous-jacente à toutes choses et trouvant son rôle dans le grand schéma de la création.

Maintenant que les Quatre Mondes de la Kabbale ont été présentés – Assiyah, Yetzirah, Beriah et Atzilout – il est temps d'approfondir l'interconnexion entre eux et de comprendre comment le kabbaliste peut transiter consciemment par ces niveaux d'existence.

Chacun des Quatre Mondes est associé à un niveau spécifique de conscience. Lorsque l'âme se trouve dans le monde d'Assiyah, elle est immergée dans l'action physique et les expériences sensorielles. C'est ici que les choix du kabbaliste se matérialisent, où chaque acte a un impact tangible sur l'environnement. Cependant, Assiyah n'est pas un monde déconnecté des autres. Les actions réalisées sur ce plan se répercutent dans les mondes supérieurs, influençant Yetzirah, Beriah et Atzilout. Par conséquent, le travail spirituel du kabbaliste commence en Assiyah, où ses actions et intentions conscientes créent les bases de l'élévation dans les mondes plus élevés.

L'une des formes les plus efficaces de transiter entre les mondes est la méditation kabbalistique. Chaque monde représente une couche de réalité, et en méditant avec une intention claire, le kabbaliste peut déplacer sa conscience d'un niveau à l'autre. En se concentrant sur un monde spécifique, le pratiquant peut accéder à ses énergies et apporter son influence sur le plan physique. Par exemple, en méditant sur les qualités de Yetzirah, le monde des émotions et de la formation, le kabbaliste peut harmoniser ses émotions et apprendre à mieux gérer les défis émotionnels qui surgissent en Assiyah. Cela reflète l'interconnexion entre les mondes, où les changements effectués à un niveau de conscience affectent les autres niveaux.

La méditation sur les Sephirot est également un outil essentiel pour naviguer à travers les Quatre Mondes. Chaque Sephirah reflète une qualité divine et est présente à tous les niveaux de l'existence, d'Atzilout à Assiyah. En méditant sur une Sephirah spécifique, comme Tiphereth (beauté et harmonie), le kabbaliste accède à son expression dans tous les mondes simultanément. Dans le monde d'Atzilout, Tiphereth représente l'harmonie pure et spirituelle ; en Beriah, l'idée de beauté et d'équilibre commence à se former ; en Yetzirah, ces qualités se manifestent en émotions équilibrées ; et, finalement, en Assiyah, Tiphereth se manifeste comme beauté et harmonie tangibles dans la vie du kabbaliste.

Ce processus d'élévation de l'âme requiert un équilibre soigneux. Il ne suffit pas pour le kabbaliste d'aspirer simplement aux niveaux supérieurs de l'existence ; il est nécessaire d'intégrer les leçons de chaque monde de manière pratique. Chaque fois que l'âme s'élève, elle ramène également quelque chose au monde physique. Cela reflète l'idée kabbalistique selon laquelle la spiritualité ne doit pas être déconnectée de la vie quotidienne. Le véritable kabbaliste est celui qui parvient à vivre en Assiyah – le monde de l'action – tout en restant conscient de sa connexion avec les niveaux plus élevés de Yetzirah, Beriah et Atzilout.

Un exemple concret de la manière dont cette interconnexion fonctionne peut être observé dans le concept de Tikoun Olam, la réparation du monde. Tikoun Olam est à la fois un effort individuel et collectif pour restaurer l'harmonie dans l'univers. Lorsqu'une personne accomplit une bonne action avec l'intention d'élever son âme, elle n'impacte pas seulement le monde d'Assiyah, mais influence également les mondes supérieurs. L'acte de donner la charité, par exemple, peut sembler une simple action physique, mais lorsqu'il est réalisé avec kavanah (intention spirituelle), il déclenche une réparation dans les niveaux spirituels. Les énergies divines qui fluent d'Atzilout sont dirigées vers le monde physique, apportant lumière et harmonie à tous les niveaux de l'existence.

Outre la méditation, la prière est un autre outil puissant que le kabbaliste utilise pour transiter entre les mondes. La prière kabbalistique est différente d'une simple supplication ; elle implique l'utilisation consciente de Noms Divins et la récitation de passages spécifiques qui reflètent les énergies des mondes supérieurs. Pendant la prière, le kabbaliste se connecte aux énergies d'Atzilout et canalise cette lumière vers les niveaux inférieurs. Ce processus crée un pont entre le divin et l'humain, permettant au pratiquant d'agir comme un canal pour les forces spirituelles, élevant son âme et contribuant à la réparation de l'univers.

Un autre aspect important de ce voyage spirituel est la compréhension des corps spirituels qui correspondent aux Quatre Mondes. L'âme humaine, selon la Kabbale, possède plusieurs niveaux, chacun correspondant à l'un des mondes. Le corps physique et l'âme Nefesh sont associés à Assiyah. Le corps émotionnel et l'âme Rouah correspondent à Yetzirah, tandis que l'âme intellectuelle, Neshamah, est liée à Beriah. Enfin, l'âme la plus élevée, Chayah, qui est l'étincelle de l'unité divine, est connectée au monde d'Atzilout. Le kabbaliste travaille à purifier et à élever chacun de ces corps spirituels, permettant à son âme de s'élever à des niveaux de conscience plus élevés.

Chacun des mondes a également ses propres défis spirituels que le kabbaliste doit surmonter. En Assiyah, le défi réside dans la tendance à se perdre dans la matérialité et les distractions du monde physique. En Yetzirah, le kabbaliste doit faire face aux émotions déséquilibrées et apprendre à maîtriser le plan émotionnel. Beriah présente le défi de raffiner la pensée et d'éviter l'orgueil intellectuel, tandis qu'en Atzilout, le plus grand défi est la dissolution même de l'ego, car à ce niveau, le kabbaliste doit abandonner tout sentiment de séparation et s'unir à la volonté divine.

De plus, les Quatre Mondes de la Kabbale ne sont pas statiques ; ils s'influencent et s'interconnectent dans un flux constant d'énergie. Les prières de la tradition kabbalistique, comme le Shemoneh Esrei ou le Kaddish, reflètent cette interaction. Chaque prière est structurée pour emmener l'âme dans un voyage spirituel qui traverse les Quatre Mondes, connectant le pratiquant aux forces d'Atzilout et ramenant cette lumière vers Assiyah. Le kabbaliste, en priant avec kavanah, non seulement élève sa propre âme, mais influence également la réparation spirituelle de tout l'univers.

Un autre aspect de l'interconnexion entre les mondes est visible dans les pratiques méditatives avec les lettres hébraïques. Chaque lettre de l'alphabet hébraïque est considérée comme un canal pour les énergies divines, et en méditant sur ces lettres, le kabbaliste peut accéder à différents mondes. La combinaison de lettres crée des Noms Divins qui correspondent à différents aspects de la création. Par exemple, le Tétragramme YHVH est associé aux Quatre Mondes, chacune des lettres représentant un niveau différent. Méditer sur ces lettres permet au kabbaliste de se connecter directement aux énergies divines à tous les niveaux de la création, d'Atzilout à Assiyah.

Par conséquent, l'objectif de la pratique kabbalistique n'est pas simplement de "monter" vers les mondes supérieurs et de se déconnecter de la réalité physique. Au contraire, la véritable élévation spirituelle se produit lorsque le kabbaliste apprend à intégrer les enseignements de chaque monde dans sa vie quotidienne, transformant ses actions, ses pensées et ses émotions conformément aux principes divins. Cette intégration permet au kabbaliste de devenir un véritable "canal de lumière", apportant la sagesse d'Atzilout, la clarté de Beriah, l'harmonie émotionnelle de Yetzirah et l'action consciente d'Assiyah à son existence.

Le voyage à travers les Quatre Mondes est à la fois une ascension spirituelle et un retour à l'unité. En naviguant à travers ces mondes, le kabbaliste découvre que la véritable élévation ne réside pas dans la fuite du monde physique, mais dans la transformation du physique en quelque chose de sacré. En alignant sa conscience sur les niveaux les plus élevés de l'existence, il se rapproche de la lumière divine et, en même temps, apporte cette lumière au monde d'Assiyah, accomplissant le but ultime de la création.

Chapitre 5
Le Rôle des Noms Divins dans la Kabbale

Au sein du vaste système kabbalistique, les Noms Divins occupent une place centrale, représentant l'une des clés les plus puissantes pour comprendre la création et interagir avec elle. Ces noms ne sont pas de simples titres ou des formes d'identification ; ils sont des véhicules d'énergie divine, des moyens par lesquels le Créateur manifeste différents aspects de Son essence et gouverne l'univers. La Kabbale enseigne que le monde a été créé par la parole, et les Noms Divins sont des manifestations de ces paroles créatrices, portant le pouvoir de modeler la réalité et d'influencer les forces spirituelles.

Parmi les Noms Divins, le plus sacré et le plus central est le Tétragramme, le Nom de quatre lettres, YHVH (יהוה). Ce Nom est considéré comme si sacré que, dans les contextes religieux, il n'est jamais prononcé tel qu'il est écrit. Au lieu de cela, le terme "Adonaï" est utilisé dans sa lecture liturgique. Le Tétragramme est compris dans la Kabbale comme une expression des quatre étapes de la création et est directement connecté aux Quatre Mondes — Atzilout, Beria, Yetzirah et Assiyah — reflétant le processus par lequel l'énergie divine se manifeste du plan le plus élevé au plan le plus physique.

Chacune des lettres du Tétragramme a une signification profonde et est associée à différentes émanations de la divinité. La première lettre, Yod (י), représente le point initial de la création, l'origine de la sagesse pure qui n'a pas encore été manifestée. Elle est connectée au monde d'Atzilout, le plus élevé des mondes, où la lumière divine est encore indifférenciée et pure. La deuxième lettre, Hé (ה), est la première manifestation de cette sagesse, associée à Beria, le monde de la création et de la compréhension. La troisième lettre, Vav (ו), symbolise l'extension de cette énergie, connectée au monde de Yetzirah, le monde de la formation et des émotions. Le deuxième Hé (ה) est la concrétisation de la création dans le monde d'Assiyah, le plan de l'action et de la matérialité.

En plus du Tétragramme, d'autres Noms Divins ont des fonctions spécifiques au sein du système kabbalistique. Par exemple, Elohim (מיהלא) est le Nom associé à la Sephirah Guevourah, qui représente le jugement et la restriction. Contrairement à YHVH, qui reflète la miséricorde et l'harmonie de la création, Elohim est le Nom qui exprime les lois naturelles et la force de la discipline. La dualité entre ces deux Noms — YHVH et Elohim — est une représentation de la tension entre la bonté expansive et la sévérité restrictive qui, en équilibre, soutiennent l'harmonie de l'univers.

Un autre Nom Divin important est El Shaddai (אל שדי), souvent associé à la Sephirah Yessod et au concept de fondement et de protection. Shaddai a été interprété comme "celui qui suffit", reflétant l'aspect de Dieu qui pourvoit et soutient l'univers. Ce Nom est utilisé dans les prières et les pratiques kabbalistiques axées sur la protection et la prospérité, créant une connexion avec les forces divines qui maintiennent la création en équilibre.

Les Noms Divins dans la Kabbale sont fréquemment utilisés dans les pratiques méditatives et rituelles. Le kabbaliste qui médite sur un Nom Divin cherche à aligner sa propre conscience avec l'énergie que ce Nom représente. En invoquant le Nom YHVH, par exemple, le pratiquant ne fait pas que réciter un mot sacré, mais canalise l'énergie de la miséricorde, de l'harmonie et de l'unité, apportant ces qualités dans sa vie et dans le monde qui l'entoure. De la même manière, l'invocation du Nom Elohim cherche à apporter discipline, justice et équilibre.

En plus des méditations, les Noms Divins jouent également un rôle fondamental dans les prières et les bénédictions. Dans la tradition kabbalistique, chaque Nom de Dieu a un but spécifique et est récité avec une intention claire pour canaliser l'énergie correcte. Le Nom Adonaï (ינדא), par exemple, est souvent utilisé dans des contextes de prière pour refléter la souveraineté divine sur le monde physique, tandis que Ehyeh Asher Ehyeh (היהא רשא היהא), "Je suis celui que Je suis", est associé à l'aspect de Dieu qui transcende le temps et l'espace, exprimant l'éternel et l'immuable.

Les Noms Divins sont également connectés à différents aspects de la création et de l'âme humaine. Dans la pratique kabbalistique, il existe une relation profonde entre le Nom YHVH et la structure de l'âme.

La Kabbale enseigne que l'âme humaine est composée de cinq niveaux : Nefesh, Ruach, Neshama, Chaya et Yechida. Chacune de ces couches de l'âme peut être vue comme une manifestation d'une lettre du Tétragramme, reflétant le voyage de l'âme depuis le monde physique jusqu'à l'unité avec le divin. Méditer sur les Noms Divins permet au kabbaliste d'aligner son âme avec ces différentes énergies, facilitant le processus d'élévation spirituelle.

Dans le contexte de la création, la Kabbale enseigne que les Noms Divins sont les outils avec lesquels Dieu a créé et soutient l'univers. Dans le Sefer Yetzirah, le "Livre de la Création", il y a une explication détaillée de la façon dont les lettres hébraïques et les Noms Divins ont été utilisés par Dieu pour donner forme au monde. Les Noms sont comme des blocs de construction spirituels, chacun portant une fonction spécifique dans le grand projet de la création. Le Tétragramme, par exemple, est considéré comme la formule la plus fondamentale, le "nom de quatre lettres" qui contient les secrets du processus créatif.

Un autre Nom qui possède un grand pouvoir dans la Kabbale est le Shem HaMephorash, le "Nom Ineffable", qui est composé de 72 combinaisons de trois lettres. Connue sous le nom des 72 Noms de Dieu, cette séquence est considérée comme l'un des outils les plus puissants pour se connecter aux énergies divines. Chacun des 72 Noms reflète un aspect spécifique de la divinité et peut être utilisé pour une série d'objectifs spirituels, tels que la protection, la guérison, la prospérité et l'orientation. Ces Noms sont souvent médités ou récités dans des combinaisons spécifiques pour atteindre des objectifs spirituels et matériels, aidant le pratiquant à s'aligner avec les énergies cosmiques.

L'utilisation des Noms Divins dans la Kabbale est également liée au Tikkoun, le processus de correction spirituelle. Invoquer correctement un Nom Divin peut restaurer l'équilibre perdu, tant au niveau individuel que collectif. Par exemple, si une personne traverse une période de turbulence émotionnelle ou spirituelle, méditer sur le Nom Elohim peut aider à restaurer l'équilibre et l'ordre, apportant la stabilité au chaos. De même, le Nom YHVH est fréquemment invoqué pour apporter harmonie et miséricorde aux situations où il y a souffrance ou conflit.

L'une des grandes leçons de la Kabbale est que les Noms Divins ne sont pas des mots magiques qui garantissent des résultats automatiques. Leur pouvoir ne se révèle que lorsqu'ils sont invoqués avec kavana, c'est-à-dire avec une intention spirituelle pure et une concentration appropriée. Le kabbaliste doit être en phase avec l'énergie que le Nom représente et la comprendre à un niveau profond. De plus, les Noms Divins ne sont pas utilisés à la légère ; ce sont des outils sacrés qui exigent respect et révérence. L'utilisation inappropriée ou sans intention claire peut entraîner des déséquilibres, voire des conséquences spirituelles négatives.

Dans la pratique, les Noms Divins sont souvent inscrits sur des amulettes, utilisés dans des méditations ou récités dans des prières spéciales. Ces amulettes, gravées de combinaisons spécifiques de Noms, sont utilisées pour la protection spirituelle, la guérison et l'élévation. La Kabbale reconnaît que les Noms sont des canaux pour les énergies divines et, par conséquent, sont des moyens puissants de se connecter aux sphères spirituelles, attirant bénédictions et protection dans la vie du pratiquant. Cependant, il est toujours essentiel de se rappeler que le pouvoir réel réside dans l'intention et l'alignement spirituel, et non dans les mots eux-mêmes.

Ainsi, les Noms Divins offrent au kabbaliste une voie directe de connexion avec le divin et d'influence sur les forces spirituelles. Ils reflètent les différentes facettes de Dieu, de la miséricorde expansive de YHVH au jugement d'Elohim, et permettent au pratiquant de travailler consciemment avec ces énergies pour atteindre l'équilibre, l'harmonie et la correction.

La Kabbale offre un vaste éventail d'outils spirituels qui permettent au pratiquant d'accéder aux énergies divines par l'invocation des Noms Sacrés. L'utilisation appropriée de ces pratiques procure au kabbaliste non seulement une connexion plus profonde avec les forces divines, mais aussi la capacité de canaliser ces énergies pour guérir, protéger et transformer sa propre vie et le monde qui l'entoure.

L'un des aspects centraux de l'utilisation des Noms Divins est la méditation. Dans la Kabbale, la méditation avec les Noms Divins n'est pas seulement un processus de réflexion mentale, mais une pratique spirituelle profonde qui implique à la fois le corps et l'âme. Méditer sur un Nom Divin permet au kabbaliste d'aligner sa propre conscience avec l'aspect spécifique de Dieu que le Nom représente. Par exemple, méditer sur le Tétragramme, YHVH, est une manière de se syntoniser avec les qualités de miséricorde, d'harmonie et de création. Le pratiquant visualise les lettres du Nom, contemple sa signification et sa fonction, permettant à ces énergies de circuler dans son esprit, ses émotions et son corps.

Pour commencer une méditation kabbalistique avec les Noms Divins, le pratiquant doit entrer dans un état de quiétude mentale et d'intention claire (kavana). L'intention est essentielle, car sans elle, la pratique peut devenir un acte mécanique dépourvu de pouvoir spirituel. Une technique courante implique la visualisation des lettres du Nom flottant devant le méditant, brillant d'une lumière divine. Le pratiquant peut se concentrer sur chaque lettre individuellement, explorant sa signification symbolique et sa correspondance avec les sphères spirituelles.

Par exemple, dans la méditation sur le Tétragramme YHVH (הוהי), chacune des lettres est associée à l'un des Quatre Mondes de la Kabbale : Yod (י) représente Atzilout (Émanation), Hé (ה) est liée à Beria (Création), Vav (ו) reflète Yetzirah (Formation), et le deuxième Hé (ה) se connecte à Assiyah (Action). En méditant, le kabbaliste peut visualiser sa conscience se déplaçant à travers ces niveaux d'existence, commençant par l'unité divine d'Atzilout et descendant jusqu'au monde physique d'Assiyah, où l'énergie du Nom est manifestée dans des actions concrètes.

En plus des méditations visuelles, la récitation des Noms Divins est une autre pratique essentielle dans la Kabbale. Réciter un Nom avec l'intention et la révérence appropriées permet au pratiquant d'activer les énergies associées à ce Nom. Cependant, il ne s'agit pas seulement de répéter des sons, mais de connecter chaque mot à l'intention spirituelle correcte. Par exemple, en récitant le Nom Elohim lors d'une méditation sur la justice ou le besoin d'équilibre, le kabbaliste invoque le pouvoir de la discipline et de l'ordre cosmique. Elohim est associé à la Sephirah Guevourah, et en récitant ce Nom, le pratiquant cherche à canaliser cette force de contention et d'équilibre dans sa vie.

Chaque Nom Divin a un but spécifique, et son utilisation est adaptée en fonction des besoins spirituels du moment. Lorsqu'il y a un besoin de guérison ou de protection, les Noms liés à la miséricorde et au soutien divin, comme El Shaddai (ידי של), peuvent être récités ou médités. Shaddai est l'un des Noms de Dieu qui est intimement lié à la protection et à la stabilité, et sa récitation crée une sorte de bouclier spirituel. La visualisation de l'écriture de ce Nom en lumière brillante autour du corps ou d'un espace physique peut être utilisée pour invoquer la protection contre les influences négatives ou les forces destructrices.

Un autre exemple est l'utilisation du Nom Adonaï (ינדא), qui symbolise la domination de Dieu sur le monde matériel. Pendant les prières, en particulier dans les moments d'action de grâce ou de demande d'intervention divine, le Nom Adonaï est fréquemment utilisé pour connecter le pratiquant à la souveraineté divine sur la terre et le plan physique. Invoquer ce Nom aide à apporter les bénédictions de Dieu dans la vie quotidienne, reconnaissant Son contrôle sur la création et Sa capacité à influencer directement le monde d'Assiyah.

L'un des ensembles de Noms Divins les plus puissants et les plus complexes est celui des 72 Noms de Dieu. Ces Noms, composés de trois lettres chacun, dérivent de trois versets consécutifs du Livre de l'Exode (14:19-21) et sont considérés comme des canaux directs vers les forces divines. Chacun de ces 72 Noms a une fonction spirituelle spécifique, telle que la guérison, la protection, l'élévation spirituelle, la résolution des conflits et bien plus encore. Par exemple, le Nom Vav Hé Vav (והו) est associé à l'ouverture des chemins et à la suppression des obstacles spirituels. Méditer sur ce Nom ou le réciter dans les moments de blocage ou de difficulté peut apporter un renouveau d'énergie et de clarté.

Pour utiliser les 72 Noms de Dieu de manière efficace, le kabbaliste doit d'abord comprendre le but de chaque Nom. La pratique implique à la fois la récitation et la visualisation des lettres correspondantes, permettant à l'énergie de ce Nom spécifique de circuler dans sa vie. Certaines traditions kabbalistiques utilisent également ces Noms dans des amulettes ou des talismans, écrits sur des parchemins ou gravés sur des objets que le pratiquant porte sur lui pour la protection ou le renforcement spirituel.

De plus, la Kabbale enseigne que les Noms Divins ont une fonction protectrice. Durant les moments de vulnérabilité spirituelle, ou lorsque le pratiquant se trouve sous l'attaque de forces négatives, invoquer le Nom approprié peut générer un champ de protection autour de lui. Ceci est particulièrement important dans les pratiques kabbalistiques avancées, où le kabbaliste peut être amené à manipuler des énergies puissantes qui nécessitent une grande prudence et une protection accrue. Invoquer des Noms comme El Shaddai ou méditer sur les 72 Noms de Dieu associés à la protection crée une barrière spirituelle qui empêche l'entrée d'influences négatives.

La pratique de l'invocation des Noms Divins n'est pas réservée aux moments de besoin ou de crise ; elle est également utilisée pour l'élévation spirituelle continue. Pendant la prière quotidienne, le kabbaliste peut intégrer différents Noms dans ses prières, élevant son âme vers les niveaux de conscience les plus élevés. Chaque récitation doit être accompagnée d'intention et de concentration, car la Kabbale enseigne que l'efficacité spirituelle est directement liée à la qualité de la kavana. Prier ou méditer de manière automatique, sans conscience pleine du but et de la signification, peut affaiblir l'impact spirituel de la pratique.

Enfin, un aspect important de l'utilisation pratique des Noms Divins dans la Kabbale est le soin et le respect avec lesquels ils doivent être traités. Il n'est pas recommandé d'utiliser ces Noms de manière indiscriminée sans la compréhension et la préparation appropriées. Le kabbaliste doit aborder ces pratiques avec révérence, sachant que les Noms portent l'énergie créatrice de Dieu et que leur utilisation inappropriée peut entraîner un déséquilibre spirituel. Pour cette raison, l'étude approfondie, la guidance d'un mentor spirituel et la cultivation d'une vie spirituelle disciplinée sont fondamentales pour toute personne qui souhaite travailler avec les Noms Divins de manière efficace.

Par conséquent, les Noms Divins dans la Kabbale sont des outils sacrés d'un grand pouvoir spirituel. Lorsqu'ils sont utilisés avec une intention claire, une méditation concentrée et de la révérence, ils offrent un chemin direct pour accéder aux énergies divines et les transformer en bénédictions, protection, guérison et élévation spirituelle. Ces Noms ne sont pas seulement des mots, mais des portails vers les forces les plus profondes et les plus fondamentales de la création, permettant au kabbaliste de participer activement à la correction du monde et à l'harmonisation de la réalité avec le plan divin.

Chapitre 6
Anges et Démons dans la Kabbale

Dans la Kabbale, l'univers est peuplé d'un large éventail d'entités spirituelles, parmi lesquelles les anges et les démons sont parmi les plus importants. Ces êtres spirituels agissent comme intermédiaires entre les mondes supérieurs et le monde physique, influençant la vie humaine et le fonctionnement du cosmos. La croyance aux anges et aux démons n'est pas exclusive à la Kabbale, mais le système kabbalistique offre une perspective unique sur le rôle et la fonction de ces entités, révélant leur importance dans l'équilibre spirituel de l'univers et le voyage de l'âme.

Les anges, dans la vision kabbalistique, sont des émissaires divins qui servent de canaux à la lumière et à la volonté de Dieu. Ils sont décrits comme des êtres créés à partir d'énergie pure et divine, incapables de commettre des erreurs ou d'agir contre la volonté divine. Chaque ange a une fonction spécifique, généralement associée à un aspect de la création ou à une tâche spirituelle. Par exemple, l'ange Mikaël est traditionnellement associé à la miséricorde et à la protection, tandis que Gabriel est lié à la justice et au jugement. Ces anges sont considérés comme des extensions des Sephiroth, les émanations divines, et leurs fonctions reflètent les qualités de ces Sephiroth.

Dans le système kabbalistique, les anges ne sont pas des êtres autonomes, mais des agents qui exécutent la volonté divine. Ils ne possèdent pas le libre arbitre, comme les êtres humains, et leur mission est toujours d'accomplir les décrets divins, que ce soit dans le monde spirituel ou physique. L'un des textes fondamentaux de la Kabbale, le Zohar, décrit les anges comme des canaux qui transportent les prières des êtres humains vers les royaumes supérieurs, aidant à réaliser le Tikoun Olam, la réparation du monde. Lorsqu'une personne fait une prière avec kavana (intention profonde et consciente), les anges sont responsables de porter cette prière à sa destination finale dans les sphères divines, où elle peut être exaucée selon la volonté de Dieu.

Les anges jouent également un rôle crucial dans la protection spirituelle. De nombreux kabbalistes croient que chaque personne a des anges gardiens qui l'accompagnent durant sa vie, la protégeant des influences négatives et la guidant dans les moments difficiles. Ces anges protecteurs sont souvent invoqués dans les prières et les méditations kabbalistiques. Un exemple classique est la prière de protection connue sous le nom de Birkat HaMalahim (Bénédiction des Anges), dans laquelle on demande que des anges comme Mikaël, Gabriel, Uriel et Raphaël soient autour de la personne, apportant protection, guérison et illumination.

En plus des anges individuels, il existe également des hiérarchies angéliques. La Kabbale enseigne que les anges sont organisés en différents ordres et catégories, chacun avec ses fonctions et attributs spécifiques. Ces hiérarchies reflètent les différentes couches de la création et la manière dont la lumière divine se manifeste dans les différents niveaux de l'univers. Les anges des ordres supérieurs, comme les Séraphins et les Ophanim, sont plus proches du trône divin et sont chargés de maintenir l'harmonie dans les sphères spirituelles les plus élevées. Les anges des ordres inférieurs, comme les Malachim et les Ishim, interagissent plus directement avec le monde physique et la vie humaine.

Les anges sont également profondément liés aux Noms Divins. Chaque ange est une expression d'un Nom de Dieu, et son pouvoir dérive directement de ce Nom. Cela signifie qu'en invoquant un Nom Divin, le kabbaliste accède également à l'ange associé à ce Nom et à sa fonction spécifique. Par exemple, l'ange Raphaël, qui est associé à la guérison, est directement lié au Nom Divin El Shaddai, le Nom qui reflète la suffisance et la protection de Dieu. Invoquer le Nom d'El Shaddai est donc aussi une manière d'appeler l'assistance de Raphaël pour les questions de santé et de guérison.

D'autre part, la Kabbale reconnaît également l'existence de forces négatives, souvent décrites comme des démons ou Qlipoth. Tandis que les anges servent de canaux à la lumière divine, les démons sont considérés comme des manifestations de déséquilibre, de fragmentation et d'obscurité. Ils habitent les Qlipoth, les "coquilles" ou "écorces" spirituelles qui enveloppent la lumière divine et l'obscurcissent. Ces forces négatives apparaissent lorsqu'il y a une rupture dans l'harmonie des Sephiroth ou lorsque les énergies divines sont mal utilisées. Contrairement aux anges, qui sont entièrement bons, les démons sont décrits comme des forces chaotiques et destructrices qui représentent le mal et le désordre dans le cosmos.

Les démons dans la Kabbale ne sont pas des êtres indépendants qui s'opposent directement à Dieu. Ils sont plutôt le résultat d'énergies déséquilibrées ou mal dirigées. La Kabbale enseigne que, dans le processus de création, une partie de la lumière divine a été "brisée" et est tombée dans les Qlipoth, résultant en un état de fragmentation. Ces "coquilles" emprisonnent la lumière et créent des forces négatives, que les kabbalistes doivent apprendre à reconnaître et à corriger. De cette façon, les démons sont considérés comme des reflets du libre arbitre humain et de sa capacité à créer un déséquilibre lorsqu'il agit de manière égoïste ou destructrice.

Il est important de comprendre que les démons dans la Kabbale ne sont pas des entités ayant un pouvoir absolu sur les êtres humains. Ce sont des forces de déséquilibre qui peuvent être neutralisées ou rachetées par le Tikoun, le processus de correction spirituelle. Lorsqu'une personne agit avec une intention négative ou s'éloigne de la lumière divine, elle peut involontairement alimenter les Qlipoth, renforçant ces forces destructrices. Cependant, en reconnaissant ces déséquilibres et en s'engageant dans des pratiques spirituelles correctives, le kabbaliste peut restaurer l'harmonie et dissiper l'influence des Qlipoth.

Dans la pratique kabbalistique, il existe plusieurs façons de neutraliser les forces négatives ou les démons. L'une d'elles est l'utilisation des Noms Divins et des prières de protection. Invoquer des Noms comme Elohim ou Adonaï dans les moments de danger spirituel peut créer une barrière protectrice qui empêche l'influence des Qlipoth. De plus, la méditation sur les Sephiroth supérieures, comme Tiphereth (harmonie) et Yessod (fondation), peut aider à rééquilibrer les énergies internes et externes, affaiblissant la présence de forces négatives.

Une autre façon de gérer ces forces négatives est par le repentir et la rectification spirituelle. Lorsqu'une personne reconnaît qu'elle a agi de manière égoïste ou destructrice, elle peut s'engager dans le processus de Teshuvah (repentir), retournant à la lumière divine et corrigeant les erreurs qui ont alimenté les Qlipoth. La Kabbale enseigne qu'en faisant Teshuvah, le pratiquant non seulement neutralise le mal, mais transforme également l'obscurité en lumière, rachetant les énergies emprisonnées dans les Qlipoth et les élevant à nouveau vers les Sephiroth.

En plus d'influencer la vie individuelle, les anges et les démons jouent également un rôle dans le maintien de l'ordre cosmique. Les anges travaillent pour maintenir l'équilibre des Sephiroth et garantir que la lumière divine circule de manière harmonieuse dans tout l'univers. Ils sont les gardiens de la création, maintenant l'ordre et protégeant l'harmonie entre les mondes. Les démons, bien qu'ils créent le chaos et le désordre, servent également un objectif plus large, car leur présence met les êtres humains au défi d'agir de manière juste et équilibrée. La Kabbale enseigne que sans le défi des forces négatives, le libre arbitre humain n'aurait pas de sens et la croissance spirituelle serait impossible.

Le travail spirituel du kabbaliste implique donc de reconnaître la présence de ces forces opposées et d'apprendre à les intégrer de manière harmonieuse. Les anges sont des alliés dans le voyage spirituel, guidant, protégeant et soutenant le pratiquant dans sa quête d'unité avec le divin. Dans le même temps, les démons représentent des défis qui doivent être surmontés par la conscience spirituelle, la discipline et la maîtrise de soi. En équilibrant ces influences, le kabbaliste chemine vers l'illumination, aidant à restaurer l'ordre cosmique et l'harmonie entre le bien et le mal.

Par conséquent, dans la Kabbale, les anges et les démons ne sont pas seulement des figures mythologiques ou symboliques, mais des représentations profondes des énergies qui imprègnent l'univers et la vie humaine. Ils sont le reflet des forces spirituelles qui opèrent dans le monde, et la compréhension de ces entités est cruciale pour tout pratiquant qui souhaite cheminer avec sagesse et discernement sur le chemin spirituel.

Maintenant que nous comprenons la nature et les fonctions des anges et des démons dans le système kabbalistique, il est important d'explorer comment le kabbaliste peut interagir avec ces forces spirituelles dans la pratique quotidienne. Ce segment approfondit les techniques pour se connecter avec les anges, neutraliser les influences démoniaques et maintenir la pureté spirituelle nécessaire pour travailler avec ces entités de manière équilibrée. La Kabbale offre des méthodes détaillées pour gérer à la fois les messagers divins et les forces négatives, permettant au pratiquant de naviguer en toute sécurité dans le monde spirituel.

La connexion avec les anges est l'un des aspects les plus fascinants et pratiques de la Kabbale. Comme décrit précédemment, les anges sont des messagers divins et des gardiens de l'harmonie spirituelle. Pour se connecter avec eux, le kabbaliste doit d'abord comprendre l'importance de la pureté spirituelle. Contrairement aux êtres humains, qui possèdent le libre arbitre et peuvent s'écarter de la volonté divine, les anges sont des manifestations pures de l'énergie de Dieu. Cela signifie que l'interaction avec eux nécessite un niveau élevé d'intention spirituelle (kavana) et un esprit concentré sur le but de l'élévation.

L'une des pratiques les plus courantes dans la Kabbale pour invoquer la présence des anges est la prière. La prière sert non seulement à invoquer l'aide divine, mais aussi à solliciter l'intercession des anges. Par exemple, en récitant la Birkat HaMalahim (Bénédiction des Anges), le kabbaliste demande spécifiquement que des anges comme Mikaël, Gabriel, Raphaël et Uriel s'approchent et apportent leurs bénédictions de protection, de guérison, d'illumination et de justice. Ces prières sont puissantes car elles canalisent les énergies spécifiques associées à chacun de ces anges et les amènent dans le monde physique, favorisant la connexion avec le divin.

La méditation sur les hiérarchies angéliques est une autre méthode efficace pour se connecter avec ces messagers spirituels. Chaque ange est associé à une Sephirah ou à un aspect spécifique de la création. En méditant sur une Sephirah, comme Tiphereth (harmonie) ou Guevourah (jugement), le kabbaliste s'harmonise avec les qualités spirituelles de cette sphère et, par conséquent, avec les anges qui agissent dans cette énergie. Pour ce faire, le pratiquant peut visualiser la lumière de la Sephirah et se concentrer sur ses qualités, permettant à la présence des anges qui correspondent à cette Sephirah de se manifester. Par exemple, en méditant sur Tiphereth, le pratiquant peut se connecter avec l'ange Raphaël, dont la fonction est de promouvoir la guérison et l'harmonie.

Les visualisations sont une technique supplémentaire pour créer un pont entre le kabbaliste et le monde angélique. Pendant la méditation, le pratiquant peut visualiser un cercle de lumière autour de lui, avec des anges positionnés aux quatre directions cardinales. Chaque ange a une couleur et un but spécifiques. Mikaël, associé à l'élément feu et à la direction sud, est visualisé dans un ton de rouge vif. Gabriel, lié à l'eau et au nord, est vu dans des tons de bleu profond. Uriel, ange de la terre et de l'est, apparaît en doré ou marron, tandis que Raphaël, l'ange de la guérison et de l'ouest, est vu enveloppé d'une lumière vert émeraude. Cette pratique crée un bouclier de protection autour du kabbaliste, lui permettant de se sentir entouré par la présence et la protection angélique pendant les moments de vulnérabilité spirituelle.

Il est important que, lorsqu'il se connecte avec les anges, le kabbaliste conserve toujours une attitude d'humilité et de respect. Dans la Kabbale, les anges ne sont pas des êtres à adorer, mais reconnus comme des extensions de la volonté divine. Ils sont des partenaires dans le voyage spirituel, et le kabbaliste doit les aborder avec révérence, sachant que la véritable source de pouvoir est toujours Dieu. La prière et la méditation aident à établir cette relation de coopération, où l'ange sert de guide et de protecteur, mais jamais comme un objet de vénération.

D'autre part, la Kabbale enseigne également des moyens efficaces de neutraliser les forces démoniaques et de défaire l'influence des Qlipoth. Comme mentionné précédemment, les Qlipoth sont des "coquilles" spirituelles qui emprisonnent la lumière divine et causent des déséquilibres. Lorsque le kabbaliste reconnaît qu'il est influencé par des énergies négatives, il doit prendre des mesures immédiates pour rétablir l'équilibre.

L'une des techniques les plus efficaces pour dissiper les influences négatives est l'invocation des Noms Divins. Le Nom Elohim, associé à la Sephirah Guevourah, est souvent utilisé dans les moments de tension ou lorsqu'il y a une présence spirituelle négative. Ce Nom apporte une énergie de jugement et de contention, aidant à rétablir l'ordre là où il y a le chaos. En invoquant Elohim, le kabbaliste peut éloigner l'obscurité et les forces désordonnées qui se sont infiltrées dans sa vie. De plus, réciter le Psaume 91, connu comme une prière de protection contre les forces négatives, est largement utilisé dans les traditions kabbalistiques pour éloigner les démons et autres influences nuisibles.

Le nettoyage spirituel est également un aspect fondamental de la protection contre les énergies négatives. Il existe des rituels kabbalistiques de purification qui aident à éliminer ces influences indésirables. Un exemple en est l'utilisation du mikvé, un bain rituel de purification. Bien que le mikvé soit traditionnellement utilisé dans des contextes de pureté physique et spirituelle, il peut également être utilisé pour nettoyer la personne des énergies négatives accumulées au fil du temps. Se plonger dans le mikvé avec la bonne intention (kavana) permet au kabbaliste de se reconnecter à la lumière divine et de se débarrasser des Qlipoth qui obscurcissent son âme.

Une autre méthode efficace pour gérer les forces démoniaques est l'utilisation d'amulettes kabbalistiques. Ces amulettes, écrites ou gravées avec des Noms Divins ou des combinaisons de lettres hébraïques sacrées, fonctionnent comme des boucliers de protection. L'une des amulettes les plus courantes est celle qui porte le Nom Shaddai (ידש), qui est largement utilisé pour la protection et la sécurité spirituelle. Porter ou accrocher une amulette gravée du Nom Shaddai aide à éloigner les forces négatives et à créer un champ d'énergie protectrice autour du pratiquant. Cependant, le kabbaliste doit toujours se rappeler que la véritable efficacité de l'amulette dépend de sa propre intention et de sa connexion spirituelle.

Pour renforcer la protection spirituelle et neutraliser les démons, la prière d'exorcisme peut également être utilisée. Dans la Kabbale, ces prières sont des invocations spécifiques qui demandent l'aide des Noms Divins et des anges pour expulser les énergies négatives. Réciter ces prières avec kavana est crucial, car elles canalisent l'énergie des sphères supérieures et la dirigent contre les influences destructrices. De plus, le kabbaliste peut méditer sur les Sephiroth de l'équilibre, comme Tiphereth et Yessod, pour rétablir l'harmonie intérieure et, ainsi, affaiblir l'influence des Qlipoth.

Un autre aspect vital de l'interaction avec les anges et les démons est le maintien d'une vie morale et éthique. La Kabbale enseigne que le comportement humain affecte directement l'équilibre entre les forces spirituelles. Lorsqu'une personne agit de manière altruiste et compatissante, elle nourrit les anges qui guident ses actions. D'un autre côté, les actions égoïstes ou destructrices renforcent les Qlipoth, créant des opportunités pour les démons d'exercer leur influence. Par conséquent, la pratique kabbalistique souligne que la vie morale n'est pas seulement un devoir religieux, mais une protection spirituelle contre les forces négatives.

La Teshuvah (repentir) est l'une des formes les plus puissantes de libérer l'âme de l'influence des Qlipoth. Lorsqu'une personne reconnaît ses erreurs et cherche activement à corriger ses voies, elle ouvre l'espace pour que la lumière divine revienne dans sa vie. L'acte de repentir, accompagné de prières et de méditations, purifie l'âme et dissout les énergies négatives qui l'entravaient. Dans la Kabbale, le repentir non seulement supprime les conséquences spirituelles des mauvaises actions, mais transforme également le mal en bien, rachetant les énergies fragmentées et rétablissant l'harmonie.

L'interaction avec les anges et les démons dans la Kabbale est une partie essentielle du chemin spirituel, exigeant du discernement, de la pureté d'intention et un engagement profond envers la pratique spirituelle. Les anges sont des alliés puissants qui guident et protègent le kabbaliste dans son voyage, tandis que les démons représentent des défis et des obstacles qui doivent être surmontés par la discipline et la rectification. Comprendre et appliquer ces pratiques permet au kabbaliste non seulement de grandir spirituellement, mais aussi de contribuer à la réparation du monde, en dissipant l'obscurité et en apportant la lumière divine à la création.

Chapitre 7
L'Âme dans la Kabbale
Nefesh, Rouach, Neshama

La Kabbale offre une vision profonde et complexe de l'âme humaine, qui est considérée comme une manifestation multiforme d'énergies spirituelles. Contrairement à la compréhension commune de l'âme comme une entité unique et indivisible, la Kabbale enseigne que l'âme est composée de plusieurs niveaux ou couches, chacun représentant un aspect différent de l'existence spirituelle de l'être humain. Ces niveaux sont connus sous les noms de Nefesh, Rouach et Neshama, et chacun a sa fonction distincte, sa relation avec le corps physique et sa connexion avec l'univers spirituel.

Le premier et le plus basique des niveaux de l'âme est le Nefesh, qui peut être décrit comme "l'âme animale". Le Nefesh est intimement lié au corps physique et aux fonctions biologiques de l'être humain. Il est la force vitale qui anime le corps, contrôlant les processus instinctifs et physiques. Le Nefesh est responsable de nos besoins fondamentaux, comme manger, dormir et l'autopréservation. Ce niveau de l'âme est le plus connecté au monde d'Assiyah, le plan de l'action et de la matérialité, reflétant les préoccupations les plus terrestres et immédiates de l'existence humaine.

Cependant, même s'il s'agit du niveau le plus "basique", le Nefesh ne doit pas être considéré comme quelque chose de négatif. Il est la base de la vie, et sans lui, l'âme ne pourrait pas exister sur le plan physique.

Bien que le Nefesh soit responsable des aspects les plus instinctifs de la vie, il contient également le potentiel de développement spirituel. La purification du Nefesh est la première étape du voyage spirituel du kabbaliste. L'objectif est d'élever ce niveau de l'âme, en affinant les instincts et les désirs afin qu'ils ne dominent pas la personne, mais, au contraire, qu'ils soient intégrés de manière harmonieuse avec les niveaux supérieurs de l'âme. La méditation kabbalistique et les pratiques d'auto-amélioration sont utilisées pour transformer les énergies du Nefesh, de simples instincts animaux en quelque chose de plus spiritualisé, permettant à la personne de devenir plus consciente de sa connexion avec les dimensions spirituelles supérieures.

Le deuxième niveau de l'âme est le Rouach, qui peut être traduit par "esprit" ou "vent". Le Rouach est la couche émotionnelle et morale de l'âme, liée aux émotions, au caractère et à la personnalité. Il est plus élevé que le Nefesh et agit comme un pont entre le corps physique et les royaumes spirituels supérieurs. Alors que le Nefesh est lié aux besoins physiques, le Rouach est responsable de nos émotions, de nos aspirations et de la capacité de discerner le bien et le mal. Il est lié au plan de Yetzirah, le monde de la formation, où les forces émotionnelles et psychiques sont en jeu.

Le Rouach est l'endroit où les qualités émotionnelles de l'être humain sont raffinées et développées. La pratique kabbalistique enseigne qu'il est nécessaire de contrôler et d'équilibrer les émotions afin qu'elles ne deviennent pas des forces destructrices. Au lieu de succomber à la colère, à l'envie ou à l'égoïsme, le kabbaliste cherche à cultiver des émotions positives comme l'amour, la compassion et la gratitude. Le Rouach est également associé à la capacité de discernement moral, permettant à l'être humain de faire des choix éthiques et de vivre selon les principes divins. Par l'élévation du Rouach, le pratiquant apprend à surmonter les émotions négatives et à vivre de manière équilibrée et harmonieuse, en se connectant aux énergies spirituelles supérieures.

Le troisième et le plus élevé des niveaux de l'âme est le Neshama, qui signifie "âme divine". Le Neshama est le niveau le plus proche de Dieu et est connecté à l'intelligence supérieure et à la conscience spirituelle. Il représente l'étincelle divine qui réside en chaque être humain, la partie de l'âme qui est toujours en contact avec les sphères les plus élevées de l'existence. Le Neshama est lié au monde de Beriá, le monde de la création, où les idées pures et les concepts abstraits commencent à prendre forme.

Le Neshama est la source de la sagesse spirituelle et de la compréhension profonde de la réalité. Lorsqu'une personne accède au Neshama, elle s'élève au-dessus des préoccupations terrestres et commence à voir la vie sous une perspective plus large et spirituelle. Ce niveau de l'âme permet au kabbaliste de percevoir l'unité sous-jacente à toutes choses, en se connectant au dessein divin et en expérimentant une profonde sensation de paix et d'harmonie. Cependant, accéder au Neshama n'est pas une tâche simple. Cela nécessite des années de pratique spirituelle, de méditation et le dépassement des niveaux inférieurs de l'âme, comme le Nefesh et le Rouach. Ce n'est que lorsque ces niveaux sont purifiés et équilibrés que le kabbaliste peut réellement expérimenter le niveau du Neshama.

Chacun de ces trois niveaux de l'âme – Nefesh, Rouach et Neshama – est interdépendant. Le Nefesh fournit la base physique nécessaire à la vie ; le Rouach permet aux émotions et aux valeurs morales de guider les actions de la personne ; et le Neshama connecte l'âme au divin et au but supérieur de l'existence. Bien que chaque niveau ait ses propres caractéristiques, ils ne sont pas isolés. Le Nefesh, par exemple, peut influencer le Rouach, tout comme le Rouach peut influencer le Neshama. La pratique kabbalistique cherche à harmoniser ces trois niveaux, leur permettant de travailler ensemble de manière équilibrée et harmonieuse.

Le processus d'élévation spirituelle dans la Kabbale implique la purification et l'intégration de ces trois niveaux de l'âme. Le kabbaliste doit d'abord travailler au niveau du Nefesh, en contrôlant ses désirs et ses instincts afin qu'ils ne le dominent pas. Ensuite, il doit cultiver et affiner le Rouach, en équilibrant ses émotions et en développant un fort sens de la moralité. Il peut se concentrer sur le Neshama, en recherchant la sagesse spirituelle et la connexion directe avec le divin. Ce processus est continu et nécessite discipline, patience et dévouement. Cependant, au fur et à mesure que le kabbaliste avance dans son cheminement, il se rapproche de plus en plus de son véritable but spirituel.

La Kabbale enseigne que l'âme n'est pas seulement une entité passive qui existe à l'intérieur du corps ; elle est active et dynamique, interagissant constamment avec les mondes spirituels et l'univers qui l'entoure. Lorsqu'une personne s'engage dans des pratiques spirituelles, elle n'élève pas seulement sa propre âme, mais contribue également à l'élévation du monde. Ce concept est lié au Tikoun Olam, le processus de correction spirituelle qui vise à restaurer l'harmonie dans l'univers. En purifiant et en élevant son âme, le kabbaliste aide à corriger les imperfections du monde et à apporter plus de lumière divine à la création.

En plus de Nefesh, Rouach et Neshama, la Kabbale mentionne également deux autres niveaux d'âme qui sont plus élevés et moins accessibles à la plupart des gens. Ces niveaux sont le Chaya et le Yechida. Le Chaya est lié au niveau d'unité spirituelle, où la personne expérimente la vie comme une expression directe de la volonté divine. Le Yechida, quant à lui, est le niveau le plus élevé de l'âme, où la personne expérimente l'unité absolue avec Dieu, sans distinction entre l'individu et le Créateur. Ces niveaux, cependant, ne peuvent être atteints que par des individus qui ont atteint un état très avancé de développement spirituel.

Par conséquent, la vision kabbalistique de l'âme n'est pas seulement une description de notre nature intérieure, mais une carte détaillée pour le voyage spirituel. Comprendre et travailler avec les niveaux de l'âme – Nefesh, Rouach et Neshama – permet au kabbaliste de naviguer à travers les dimensions de l'existence, en s'élevant des désirs terrestres jusqu'à la sagesse divine. L'âme, dans la Kabbale, est le lien entre l'être humain et le divin, et en nourrissant et en purifiant cette connexion, le pratiquant se rapproche de plus en plus de la lumière de Dieu et du véritable but de sa vie.

Maintenant que les trois niveaux de l'âme – Nefesh, Rouach et Neshama – ont été présentés, il est nécessaire d'approfondir la manière dont chacun de ces niveaux peut être élevé et purifié, permettant au kabbaliste de se connecter de manière plus profonde et consciente avec son essence spirituelle. La Kabbale ne décrit pas seulement la structure de l'âme, mais offre également des outils pratiques pour affiner ces niveaux, guidant l'individu dans son cheminement de croissance spirituelle.

Le Nefesh, en tant que niveau le plus basique de l'âme, représente la force vitale et est intimement lié au corps physique et aux instincts. C'est le premier point de contact entre l'âme et le monde matériel. L'élévation du Nefesh n'implique pas le rejet des besoins physiques ou instinctifs, mais plutôt le raffinement de ces énergies afin qu'elles puissent servir un but spirituel plus élevé. La Kabbale enseigne que, lorsque le Nefesh est dans son état le plus pur, il permet à l'individu de maintenir un équilibre sain entre ses désirs physiques et son aspiration spirituelle.

La pratique kabbalistique offre diverses manières de purifier le Nefesh. Une méthode centrale est la discipline éthique et morale, connue sous le nom de

Moussar. En suivant les préceptes de justice, de bonté et d'auto-amélioration, l'individu transforme progressivement ses tendances instinctives en comportements alignés sur la volonté divine. Le contrôle des impulsions, comme la colère, l'envie ou le désir démesuré, est fondamental pour cette transformation. La Kabbale suggère que le Nefesh soit canalisé à travers des actions constructives, comme la pratique de la charité (Tzedakah) et l'implication dans des actes de bonté (Chesed), qui aident à purifier l'âme à son niveau le plus instinctif.

En plus de la discipline éthique, la méditation joue également un rôle crucial dans la purification du Nefesh. Les méditations axées sur le corps et la respiration aident à prendre davantage conscience des besoins physiques et émotionnels, permettant au pratiquant de les aborder de manière équilibrée et consciente. En méditant sur la Sephira Malkhout, qui est associée au monde physique et au Nefesh, le kabbaliste peut se concentrer sur l'harmonisation de ses énergies physiques avec son but spirituel, apprenant à gouverner son corps et ses désirs avec sagesse.

Après le Nefesh, le Rouach, le niveau émotionnel et moral de l'âme, doit également être purifié. Le Rouach est responsable des émotions et de la capacité de discernement moral, et son élévation dépend de la capacité du kabbaliste à affiner ses émotions et à développer un caractère moral élevé. L'un des principaux défis de ce niveau est l'équilibre des émotions. Les déséquilibres émotionnels, tels que l'attachement excessif, la colère ou la peur, peuvent bloquer le flux d'énergie spirituelle et entraver le développement du Rouach.

La pratique de l'auto-évaluation émotionnelle est essentielle pour le développement du Rouach. Cela implique une analyse régulière de ses propres émotions et motivations, afin de reconnaître et de transformer les sentiments qui peuvent être déséquilibrés. La Kabbale suggère que le kabbaliste contemple les émotions à la lumière des Sephiroth, en identifiant sur quelle Sephira une émotion particulière est basée et comment elle peut être équilibrée. Par exemple, la colère excessive peut être considérée comme un déséquilibre dans la Sephira Guevourah (force et restriction), et pour l'équilibrer, le pratiquant doit chercher à cultiver les qualités de Chesed (miséricorde et bonté), qui adoucissent et harmonisent l'énergie de Guevourah.

En plus de l'auto-évaluation, le Rouach peut être élevé par la pratique de la prière. Dans la Kabbale, la prière n'est pas seulement une demande, mais une forme d'élévation spirituelle qui aligne les émotions humaines avec la volonté divine. Lorsque nous prions avec kavana (intention focalisée), nous n'exprimons pas seulement nos sentiments, mais nous affinons et purifions également nos émotions à mesure que nous nous connectons aux énergies spirituelles supérieures. La prière quotidienne, en particulier celles qui impliquent l'utilisation des Noms Divins, aide à réguler les émotions et à développer un sens plus profond d'équilibre et d'harmonie intérieure.

Enfin, le Neshama, le niveau le plus élevé de l'âme accessible dans la vie quotidienne, nécessite un type différent de travail spirituel. Alors que le Nefesh traite des besoins physiques et le Rouach des émotions et du caractère, le Neshama est lié à la sagesse et à la connexion directe avec le divin. L'élévation du Neshama exige que le kabbaliste transcende les limitations matérielles et atteigne un état de conscience supérieur.

La pratique la plus importante pour élever le Neshama est la contemplation et l'étude des textes sacrés, en particulier le Zohar et le Sefer Yetzirah, qui contiennent les mystères de la création et de la nature de l'âme. L'étude de ces textes n'est pas seulement un exercice intellectuel, mais un moyen d'accéder à des niveaux plus profonds de la conscience. En s'engageant avec ces textes, le kabbaliste élargit son esprit et son âme, se rapprochant de la sagesse divine qui réside dans le Neshama. La Kabbale enseigne que l'étude et la méditation sur les mystères divins réveillent le Neshama, permettant à la personne de voir le monde avec une clarté spirituelle qui transcende les préoccupations terrestres.

Une autre pratique associée au Neshama est la méditation profonde sur les Sephiroth supérieures, comme Chochmah (sagesse) et Binah (compréhension). Ces Sephiroth sont directement connectées au Neshama et représentent les niveaux les plus élevés de compréhension spirituelle. Méditer sur ces Sephiroth permet au kabbaliste d'accorder son âme aux fréquences les plus élevées de la création, facilitant une connexion plus profonde avec le divin. Pendant ces méditations, le pratiquant visualise la lumière divine descendant à travers les Sephiroth et remplissant son esprit et son âme de sagesse et de clarté.

De plus, le Neshama est élevé par le développement d'une vie contemplative, où la personne cherche à s'aligner continuellement sur le dessein divin. Le kabbaliste qui vit avec cette conscience non seulement s'élève spirituellement, mais influence également le monde qui l'entoure. La Kabbale enseigne que, lorsque le Neshama est éveillé, la personne agit comme un canal de lumière, apportant sagesse et harmonie à ceux qui l'entourent et aidant à restaurer l'équilibre dans l'univers.

Il est important de se rappeler que les trois niveaux de l'âme – Nefesh, Rouach et Neshama – ne sont pas des entités séparées, mais sont intimement liés. Le Nefesh, par exemple, influence le Rouach, et le Rouach, à son tour, affecte le Neshama. Par conséquent, la purification et l'élévation de l'âme nécessitent un effort holistique. Le kabbaliste doit travailler sur tous les niveaux simultanément, intégrant les besoins physiques, émotionnels et spirituels dans une pratique cohérente.

De plus, le processus d'élévation spirituelle est continu. L'âme, selon la Kabbale, est toujours en mouvement, montant et descendant à travers les différents niveaux d'existence. Même lorsqu'une personne atteint un état élevé de conscience, elle est toujours confrontée à des défis et à des opportunités de croissance. La pratique spirituelle kabbalistique enseigne que chaque action, pensée et émotion a le potentiel d'élever ou d'abaisser l'âme, selon l'intention et la conscience qui la sous-tendent.

La purification des niveaux inférieurs de l'âme est une condition préalable à l'accès aux niveaux supérieurs. Cela signifie que, bien que le kabbaliste puisse aspirer à la sagesse du Neshama, il doit d'abord s'assurer que son Nefesh est purifié et que son Rouach est équilibré. Ce n'est que lorsque ces couches plus fondamentales sont en harmonie que le kabbaliste peut commencer à accéder aux mystères les plus profonds de la création et de l'âme.

Le but ultime de l'élévation de l'âme dans la Kabbale est l'unification avec le divin. Par le travail de purification et d'élévation, le kabbaliste cherche à retourner à sa véritable essence, l'étincelle divine qui réside dans le Neshama. Lorsque cette unification est atteinte, la personne expérimente une intégration profonde entre le corps, l'esprit et l'âme, vivant en alignement avec le dessein divin et contribuant à l'harmonie cosmique.

Par conséquent, le voyage spirituel d'élévation du Nefesh, du Rouach et du Neshama est un processus continu de raffinement et de transformation, où le kabbaliste, en alignant sa vie sur les principes divins, trouve non seulement la paix et l'harmonie intérieure, mais aussi la véritable réalisation spirituelle.

Chapitre 8
Le Tikoun Olam
La Mission Cabalistique de Rectification

Au cœur de la Kabbale se trouve l'idée de Tikoun Olam, qui peut être traduite par "rectification du monde" ou "réparation du monde". Ce concept est l'un des piliers centraux de la pratique kabbalistique, reflétant la croyance que la création est un processus continu, et que l'être humain a un rôle actif à jouer dans la restauration de l'harmonie et de la perfection perdues lors de la création. Le Tikoun Olam ne se limite pas à la dimension physique, mais englobe également le monde spirituel, unissant le microcosme (l'individu) au macrocosme (l'univers). Par l'élévation spirituelle personnelle et les actions correctrices dans le monde physique, le kabbaliste contribue à la rectification de l'univers dans son ensemble.

Pour comprendre le Tikoun Olam, il est nécessaire de revenir au concept de la brisure des vases (Shevirat HaKelim), décrit dans la Kabbale comme un moment primordial dans le processus de la création. Selon la tradition kabbalistique, avant l'existence de l'univers, tout était contenu dans la lumière infinie de Dieu, appelée Ein Sof. Cependant, lorsque Dieu a désiré créer le monde, la lumière divine a été canalisée dans des "vases" spirituels qui devaient contenir et manifester cette lumière. Cependant, les vases n'ont pas été capables de contenir l'intensité de cette énergie divine et, ainsi, se sont brisés, causant la "brisure des vases" et la dispersion de la lumière divine en fragments. Ces fragments de lumière, appelés Nitzotzot (étincelles), sont restés piégés dans les Qlipot, les "écorces" spirituelles qui obscurcissent la lumière.

Le Tikoun Olam, donc, se réfère au processus de collecte de ces étincelles de lumière et de leur libération des Qlipot, restaurant l'harmonie perdue de la création. Ce processus de rectification est un travail spirituel continu, qui implique à la fois l'individu et l'humanité dans son ensemble. La Kabbale enseigne que chaque personne a la responsabilité de participer à ce Tikoun, que ce soit par l'amélioration personnelle, l'élévation spirituelle, ou par des actions concrètes dans le monde physique qui promeuvent la justice, la bonté et l'harmonie.

Le rôle de l'être humain dans le Tikoun Olam est unique car, contrairement aux anges ou à d'autres entités spirituelles, l'être humain possède le libre arbitre. Cela signifie que l'individu peut choisir d'agir de manière constructive ou destructive. Chaque choix qu'une personne fait a le potentiel d'élever ou d'abaisser la réalité spirituelle. Lorsqu'une personne agit avec une intention divine (kavanah) et avec un but élevé, ses actions non seulement corrigent son propre comportement, mais libèrent également des étincelles de lumière emprisonnées dans les Qlipot, contribuant à la rectification globale. D'un autre côté, les actions égoïstes et destructrices nourrissent les Qlipot et entravent le processus de rectification.

L'une des façons les plus puissantes de participer au Tikoun Olam est à travers les Mitzvot, les commandements divins. Dans la Kabbale, chaque Mitzvah, lorsqu'elle est accomplie avec une intention spirituelle, contribue à la libération des étincelles de lumière et à la rectification du monde. Les Mitzvot ne sont pas seulement considérées comme des règles éthiques ou des rituels religieux, mais comme des outils d'élévation spirituelle. Lorsqu'une personne accomplit une Mitzvah, que ce soit une action de charité, une prière, ou même le fait de maintenir une pensée pure, elle participe au processus de restauration de l'harmonie dans la création.

Le concept de Tikoun Olam est également intimement lié au libre arbitre. La Kabbale enseigne que la création du mal et des forces négatives, représentées par les Qlipot, n'est pas une erreur, mais une partie intentionnelle du plan divin. Ces forces négatives existent pour donner à l'être humain l'opportunité d'exercer son libre arbitre, de choisir le bien et, ainsi, de contribuer à la rectification du monde. La dualité entre la lumière et l'obscurité, le bien et le mal, est nécessaire pour que le Tikoun Olam soit possible. Sans la possibilité de choisir le mal, le bien n'aurait pas de signification, et le processus de rectification n'aurait pas de but.

Un aspect important du Tikoun Olam dans la pratique kabbalistique est la méditation sur les Sefirot et les Noms Divins. Chaque Sefirah représente une émanation de la lumière divine, et méditer sur ces émanations est une façon de restaurer l'équilibre entre elles et d'apporter plus de lumière au monde. La pratique kabbalistique implique également l'utilisation des 72 Noms de Dieu, qui sont considérés comme des outils spirituels puissants pour la rectification. Ces Noms, lorsqu'ils sont invoqués avec une intention pure, aident à canaliser les énergies spirituelles qui peuvent corriger les distorsions et libérer la lumière emprisonnée dans les Qlipot.

Au-delà des pratiques spirituelles, le Tikoun Olam se manifeste également dans des actions concrètes dans le monde physique. La Kabbale enseigne que la justice sociale et l'altruisme sont des parties essentielles du processus de rectification. Lorsqu'une personne agit avec bonté et promeut la justice dans sa communauté, elle contribue directement à l'élévation du monde. La Kabbale ne fait pas de distinction entre le spirituel et le matériel ; au contraire, elle enseigne que les deux sont interconnectés. Les actions dans le monde physique ont des répercussions spirituelles, et le Tikoun Olam implique à la fois la transformation intérieure et l'amélioration des conditions extérieures de la société.

Le Shabbat, le jour de repos sacré dans le judaïsme, est un exemple de la façon dont le Tikoun Olam se reflète dans la pratique quotidienne. Dans la Kabbale, le Shabbat est considéré comme un moment de rectification cosmique, où le monde physique et le monde spirituel s'alignent de manière harmonieuse. Pendant le Shabbat, la lumière divine coule plus librement, et l'individu a l'opportunité de se reconnecter à la source divine. En observant le Shabbat avec l'intention correcte, le kabbaliste participe au Tikoun Olam, restaurant l'équilibre entre les mondes supérieurs et le monde physique.

Au-delà des pratiques individuelles, la Kabbale considère également le Tikoun Olam comme un processus collectif. La rectification du monde ne peut pas être réalisée par une seule personne ; c'est un effort global qui implique toute l'humanité. La Kabbale enseigne que la création entière est interconnectée, et le Tikoun d'une personne affecte positivement le monde qui l'entoure. De la même manière, la corruption d'une âme affecte négativement l'univers. Par conséquent, la rectification du monde dépend à la fois de l'effort personnel et de l'effort collectif. Lorsque des communautés entières travaillent à s'élever spirituellement et à agir de manière juste, elles accélèrent le processus de Tikoun Olam.

Le Tikoun Olam a également des implications messianiques dans la Kabbale. Le kabbalisme enseigne que le Tikoun final, la rectification complète du monde, est lié à la venue de l'ère messianique. Cette ère sera marquée par la libération totale des étincelles divines des Qlipot et par la restauration de l'harmonie parfaite entre le monde physique et spirituel. Bien que chaque génération ait la responsabilité de travailler en direction du Tikoun, l'ère messianique représente le point culminant de ce processus, où le mal sera transformé en bien et la lumière de Dieu brillera pleinement dans toute la création.

Enfin, le Tikoun Olam reflète la vision optimiste de la Kabbale selon laquelle, malgré les défis et les difficultés, le monde est dans un processus continu de retour à la perfection. Le kabbaliste, en participant à ce processus, non seulement transforme sa propre vie, mais contribue également à l'évolution spirituelle de toute la création. Ce travail spirituel est considéré comme le but le plus élevé de l'être humain, qui, en participant au Tikoun Olam, devient un co-créateur avec Dieu, aidant à apporter plus de lumière et d'harmonie au monde.

La compréhension que le monde physique et spirituel sont interdépendants, et que chaque action a un impact cosmique, est au cœur du concept de Tikoun Olam. Ce n'est pas seulement un appel à la transformation personnelle, mais une mission globale qui implique chaque être humain. En vivant selon les principes spirituels de la Kabbale, chaque individu peut jouer son rôle dans ce processus grandiose de rectification, ramenant le monde à son état originel de perfection divine.

Ayant introduit le concept de Tikoun Olam comme la mission kabbalistique de rectification du monde, nous allons maintenant approfondir les techniques pratiques qui permettent au kabbaliste de participer activement à ce processus, tant au niveau personnel que collectif. La Kabbale offre une série d'outils spirituels et pratiques qui aident l'individu à réaliser la rectification nécessaire dans sa vie et, en même temps, à contribuer à l'élévation spirituelle du monde. Ces pratiques vont des méditations spécifiques aux actions éthiques et morales au quotidien.

La première et peut-être la plus essentielle pratique kabbalistique pour le Tikoun Olam est le développement de la conscience spirituelle. Dans la Kabbale, cela s'appelle daat, ou connaissance profonde. Développer daat signifie augmenter la conscience de ses propres actions, pensées et intentions, de sorte que tout ce que nous faisons soit aligné avec le but de la rectification. Cela implique de vivre avec kavanah, l'intention focalisée dans chaque action, que ce soit une prière, un acte de charité ou une interaction quotidienne. Lorsque nous agissons avec kavanah, nos actions deviennent des véhicules pour la libération des étincelles divines qui sont piégées dans les Qlipot, les "écorces" qui obscurcissent la lumière spirituelle.

L'une des pratiques les plus puissantes d'élévation spirituelle est la prière avec kavanah. La prière dans la Kabbale n'est pas considérée comme une simple récitation de mots, mais comme un processus actif de connexion avec les mondes supérieurs. Lorsqu'une personne prie avec kavanah, elle dirige son énergie spirituelle vers les cieux, alignant sa volonté avec celle de Dieu. La prière devient un canal pour la libération des étincelles de lumière qui sont emprisonnées dans le monde physique. Un exemple classique de cela est la prière du Shema ("Shema Israël, Adonaï Elohenu, Adonaï Ehad"), qui est centrale dans le judaïsme et la Kabbale. En récitant le Shema avec une intention pleine, le kabbaliste réaffirme l'unité de Dieu et participe au Tikoun, élevant l'âme et contribuant à la rectification de l'univers.

Au-delà de la prière, la méditation sur les Sefirot est une autre pratique essentielle. Comme nous l'avons vu, les Sefirot sont les émanations divines qui gouvernent différents aspects de la création. Méditer sur les Sefirot permet au kabbaliste de s'aligner avec ces énergies et de restaurer l'équilibre spirituel tant intérieurement que dans le monde qui l'entoure. Par exemple, la méditation sur Chesed (miséricorde) peut être utilisée pour adoucir une situation de jugement sévère (associée à Guevourah). En méditant sur les Sefirot, le pratiquant aide à maintenir le flux harmonieux de la lumière divine, libérant les énergies qui ont été bloquées par les Qlipot.

Une autre pratique kabbalistique liée au Tikoun Olam est l'utilisation des Noms Divins dans les méditations et les prières. Chaque Nom de Dieu reflète une qualité divine spécifique et, en les invoquant, le kabbaliste attire cette énergie dans le monde physique. Les 72 Noms de Dieu sont particulièrement puissants dans ce processus. Chacun de ces Noms est une combinaison de trois lettres hébraïques qui fonctionnent comme des canaux d'énergie spirituelle. Méditer sur l'un des 72 Noms, en visualisant ses lettres et en les prononçant avec l'intention correcte, peut aider à résoudre des problèmes spécifiques, comme la guérison, la protection ou l'élévation spirituelle d'une situation. Ces Noms sont des outils directs de rectification, permettant au kabbaliste d'agir comme un agent de transformation tant dans sa vie que dans la réalité qui l'entoure.

Le Tikoun Olam est également réalisé à travers les Mitzvot, les commandements divins. Dans la vision kabbalistique, chaque Mitzvah est un moyen de restaurer l'ordre spirituel dans l'univers. En accomplissant une Mitzvah avec intention et dévotion, le kabbaliste libère une étincelle de lumière des Qlipot et contribue directement à la rectification du monde. Certaines Mitzvot sont particulièrement importantes dans ce processus, comme la Tzedakah (charité), qui est considérée comme une forme d'équilibrer le jugement avec la miséricorde. La Kabbale enseigne que, lorsqu'une personne donne la Tzedakah, elle n'aide pas seulement l'autre, mais elle s'élève également elle-même et l'univers qui l'entoure. L'action de donner, réalisée avec une intention pure, dissout la rigidité des Qlipot et permet à la lumière de couler plus librement.

Au-delà des pratiques spirituelles, le Tikoun Olam requiert également des actions concrètes dans le monde physique. La Kabbale ne sépare pas le spirituel du matériel ; au contraire, elle enseigne que les deux sont interdépendants et que les actions physiques peuvent avoir un impact direct sur le monde spirituel. Cela se reflète dans l'idée que la justice sociale et l'altruisme sont des parties fondamentales du Tikoun. Lorsqu'une personne agit avec justice, traite les autres avec dignité et promeut l'harmonie dans la société, elle libère des étincelles divines et contribue à l'élévation collective du monde.

Un exemple pratique de cela est l'engagement kabbalistique envers le Shabbat. Le Shabbat est considéré comme un "avant-goût" du Tikoun final, l'ère messianique, lorsque toute la création sera restaurée à sa perfection originelle. Pendant le Shabbat, le travail physique cesse, et l'attention est dirigée vers le repos et la contemplation spirituelle. Le Shabbat représente l'équilibre parfait entre le monde physique et spirituel, où les forces de la création s'alignent de manière harmonieuse. En observant le Shabbat, le kabbaliste participe à une rectification cosmique, élevant le monde vers un état d'unité et d'harmonie avec Dieu.

L'idée de Tikoun Olam se manifeste également dans la pratique de la Teshouva (repentir). La Kabbale considère le repentir non seulement comme un processus de correction personnelle, mais comme un moyen de restaurer l'harmonie spirituelle dans l'univers. Lorsqu'une personne reconnaît ses erreurs et s'engage à changer, elle n'élève pas seulement sa propre âme, mais elle libère également des énergies qui étaient piégées dans les Qlipot. La Teshouva est considérée comme une forme de transformation du mal en bien, rachetant les fautes passées et les convertissant en opportunités de croissance spirituelle. La Kabbale enseigne que, grâce à la Teshouva sincère, même les erreurs les plus profondes peuvent être corrigées et transformées en sources de lumière.

Une autre pratique importante dans le Tikoun Olam est la récitation des Psaumes. Les Psaumes sont considérés comme des textes sacrés qui contiennent un pouvoir spirituel, et leur récitation est considérée comme une forme de libération de la lumière divine dans le monde. Le kabbaliste peut réciter des Psaumes spécifiques avec l'intention d'apporter la guérison, la protection ou l'élévation spirituelle pour lui-même ou pour les autres. Les Psaumes sont également utilisés dans les moments de crise ou de besoin, lorsque la personne cherche une intervention divine pour corriger un déséquilibre ou résoudre une situation difficile. Chaque Psaume contient un code spirituel, et en le récitant avec la kavanah appropriée, le pratiquant aide à débloquer le flux d'énergie divine qui apporte la rectification au monde.

Le Tikoun Olam implique également la reconnaissance de l'impact des choix quotidiens. La Kabbale enseigne que chaque action, pensée et décision qu'une personne prend a des répercussions cosmiques. Le libre arbitre humain est un don puissant, et chaque choix peut contribuer à l'élévation ou au déséquilibre de l'univers. Le kabbaliste vit avec la conscience que ses décisions n'affectent pas seulement sa propre vie, mais aussi le monde qui l'entoure. En choisissant d'agir avec bonté, miséricorde et justice, l'individu contribue directement au Tikoun Olam, restaurant l'équilibre entre les forces de lumière et d'obscurité.

Un autre aspect essentiel du Tikoun Olam est le travail collectif. La Kabbale enseigne que la rectification du monde est une responsabilité partagée par toute l'humanité. Bien que chaque personne ait un rôle unique dans le Tikoun, le processus de rectification ne peut être réalisé isolément. Le Tikoun final requiert l'effort collectif de tous, et chaque personne, en s'élevant spirituellement, aide à élever le monde dans son ensemble. Cet aspect communautaire du Tikoun Olam se reflète dans des pratiques telles que l'étude collective de la Torah, où l'échange de sagesse spirituelle entre les individus crée une atmosphère d'élévation collective.

Le Tikoun Olam est profondément lié à la vision messianique de la Kabbale. L'ère messianique est considérée comme le moment où le Tikoun sera complet, et tout l'univers sera restauré à sa perfection originelle. Dans la vision kabbalistique, le monde est en constante progression vers cette rectification finale, et chaque génération a la responsabilité d'accélérer ce processus. Bien que le Tikoun final soit un événement cosmique, la Kabbale enseigne que chaque action individuelle, aussi petite soit-elle, contribue à rapprocher cette ère de lumière et d'harmonie.

Ainsi, le Tikoun Olam n'est pas seulement une idée philosophique ou abstraite, mais une pratique spirituelle et matérielle qui imprègne tous les domaines de la vie. De la prière et de la méditation aux actions quotidiennes de bonté et de justice, le kabbaliste participe activement à la rectification du monde, s'alignant sur le dessein divin de restaurer l'harmonie et la lumière dans la création. Le Tikoun Olam est un voyage continu de croissance et de transformation, à la fois personnelle et globale, et la Kabbale nous enseigne que, par notre participation active à ce processus, nous pouvons contribuer à l'élévation de toute l'humanité et de l'univers.

Chapitre 9
La Réincarnation dans la Kabbale

La réincarnation est un concept profondément exploré dans la Kabbale, étant l'une des clés pour comprendre le voyage de l'âme à travers les différentes vies et expériences qu'elle vit. Dans la vision kabbalistique, l'âme n'est pas confinée à une seule existence physique, mais passe par plusieurs incarnations, retournant à plusieurs reprises dans le monde matériel pour accomplir ses missions spirituelles et corriger les défauts accumulés dans les vies antérieures. Ce cycle de renaissance est connu sous le nom de *Guilgoul* (réincarnation), et il est considéré comme faisant partie du processus continu de correction spirituelle et d'évolution de l'âme.

L'objectif central de la réincarnation, dans la Kabbale, est la recherche du perfectionnement spirituel. L'âme est une étincelle divine, et sa mission est de retourner à la source d'où elle vient, qui est Dieu. Cependant, au cours de son voyage à travers les mondes physiques et spirituels, l'âme accumule des imperfections et des déséquilibres. Cela se produit en raison d'actions incorrectes, de désirs mal orientés ou de manquements à accomplir les tâches spirituelles attribuées à chaque vie. Lorsqu'une âme n'accomplit pas sa mission dans une existence, elle est renvoyée dans le monde physique pour réessayer, emportant avec elle les leçons non apprises et les erreurs non corrigées.

Le *Sefer HaGuilgoulím* (Le Livre des Réincarnations), attribué au grand kabbaliste Isaac Louria, l'Arizal, est l'une des œuvres les plus importantes pour comprendre le concept de *Guilgoul* dans la Kabbale. Dans ce texte, Louria explique comment l'âme est composée de plusieurs parties, et comment chaque partie peut être réincarnée de manière indépendante pour corriger des défauts spécifiques. Selon Louria, l'âme a trois composantes principales : *Néfesh*, *Roua'h* et *Néshama*. Chacun de ces niveaux peut être réincarné séparément, en fonction de ce qui doit être corrigé. Par exemple, le *Néfesh*, qui est plus connecté aux actions et aux désirs physiques, peut avoir besoin de correction dans une vie, tandis que le *Roua'h*, qui est lié aux émotions et à la moralité, peut nécessiter un travail dans une autre.

La justice divine dans la réincarnation est également un thème central dans la Kabbale. Les âmes qui échouent dans leurs missions ne sont pas punies de manière définitive, mais se voient offrir de nouvelles opportunités pour corriger leurs défauts dans les vies futures. Cela reflète la vision kabbalistique selon laquelle Dieu est essentiellement miséricordieux et donne aux âmes d'innombrables chances de rectification. Cependant, le processus de réincarnation peut être douloureux, car l'âme est souvent placée dans des situations de défi, de souffrance ou de conflit qui reflètent ses erreurs passées. Ces défis ne sont pas considérés comme des punitions, mais comme des opportunités de croissance et de rectification.

Chaque vie est donc un chapitre dans l'histoire de l'évolution d'une âme, et les événements et les circonstances que la personne rencontre sont soigneusement orchestrés par la Providence Divine pour offrir des opportunités d'apprentissage et de correction. La Kabbale enseigne que rien dans la vie d'une personne n'est aléatoire. Toutes les rencontres, les difficultés et les joies ont un but spirituel profond. L'âme attire à elle les expériences nécessaires à sa croissance et à sa rectification. Si une personne est confrontée à plusieurs reprises à un certain type de défi, cela peut être le signe que ce domaine de la vie est celui où la correction doit avoir lieu.

Un autre aspect essentiel de la réincarnation dans la Kabbale est l'idée de *Tikoun*, ou correction. Le *Tikoun* personnel d'une âme est l'ensemble des tâches spirituelles et des corrections qu'elle doit réaliser dans ses différentes incarnations. Certaines âmes ont un *Tikoun* léger, ce qui signifie qu'elles ont peu de corrections à faire et que leurs vies peuvent être plus harmonieuses. D'autres, cependant, portent un fardeau plus lourd de défauts à corriger et peuvent faire face à des vies plus difficiles. La Kabbale enseigne que, bien que le processus de correction puisse être difficile, il est essentiel à la croissance spirituelle de l'âme.

Une question fréquemment soulevée dans le contexte de la réincarnation est la souffrance humaine. La Kabbale offre une perspective particulière sur la souffrance, affirmant qu'elle est souvent une partie nécessaire du processus de correction spirituelle. La douleur et les difficultés qu'une personne rencontre dans sa vie actuelle peuvent être le résultat d'actions incorrectes dans une vie antérieure, et sont destinées à corriger ces erreurs. Cela ne signifie pas que la souffrance soit une punition, mais plutôt une façon de réaligner l'âme avec son but divin.

Les relations humaines sont également profondément influencées par le concept de réincarnation. La Kabbale enseigne que les âmes se réincarnent souvent en groupes, ce qui signifie que les amis, les membres de la famille et même les ennemis d'une vie antérieure peuvent réapparaître dans de nouvelles incarnations, jouant des rôles différents. Ces relations sont des opportunités de rectification et de croissance mutuelle. Par exemple, une personne peut se réincarner dans une famille spécifique pour corriger une relation dysfonctionnelle d'une vie passée, ou pour aider une autre âme à atteindre son *Tikoun*.

Un autre aspect intéressant de la réincarnation dans la Kabbale est l'idée de partage d'âme. La Kabbale enseigne que, dans certains cas, une âme peut être divisée en plusieurs parties et réincarnée dans différents corps simultanément. Cela se produit lorsqu'une âme a de nombreuses corrections à réaliser et doit être à plusieurs endroits en même temps pour accomplir son *Tikoun*. Ces "parties" de l'âme peuvent se rencontrer ou se croiser dans leurs incarnations, sans savoir qu'elles font partie de la même âme originelle. Ce concept suggère que les connexions humaines sont beaucoup plus profondes qu'elles n'y paraissent à première vue.

La réincarnation est également liée au *Tikoun Olam*, le concept de correction universelle discuté précédemment. Tout comme les âmes individuelles doivent passer par un processus de correction et d'élévation, le monde dans son ensemble est également dans un processus continu de rectification. Chaque âme a un rôle à jouer dans la correction collective, et en complétant ses propres corrections, elle contribue à la correction globale. L'ère messianique, dans la vision kabbalistique, est le moment où toutes les âmes auront terminé leurs corrections et où le monde atteindra un état d'harmonie et de perfection.

De plus, le concept de karma dans la Kabbale est similaire, mais distinct de celui que l'on trouve dans d'autres traditions spirituelles. Le terme hébreu pour cela est *Schar VeOnesh* (récompense et punition). Dans la Kabbale, les actions d'une personne dans une vie créent des conséquences spirituelles qui doivent être équilibrées dans les vies futures. Cela peut être comparé au karma, mais avec un accent plus important sur la correction et la rectification spirituelle, plutôt que sur la simple rétribution. Si une personne n'a pas rempli ses obligations spirituelles dans une vie, ces tâches seront transférées à ses futures incarnations.

La Kabbale offre également des techniques pour identifier les schémas karmiques et apprendre des vies passées. Bien que la plupart des gens n'aient pas de souvenir conscient de leurs incarnations précédentes, la méditation kabbalistique peut aider à accéder à des mémoires spirituelles qui révèlent des indices sur le *Tikoun* d'une âme. Certains kabbalistes pratiquent des méditations spécifiques pour se connecter à ces mémoires et comprendre les défis et les leçons que leur âme doit affronter dans cette vie. Cela peut inclure des méditations avec les Noms Divins, où le kabbaliste cherche des conseils pour comprendre les racines spirituelles de ses défis.

Par conséquent, la réincarnation dans la Kabbale est un mécanisme d'apprentissage et d'évolution spirituelle. L'âme est toujours en mouvement, retournant sur Terre pour corriger les erreurs, apprendre des leçons et, finalement, s'unir complètement à la source divine. Le concept de *Guilgoul* offre une vision plus large du voyage de l'âme, nous aidant à comprendre que chaque vie fait partie d'un processus beaucoup plus vaste de croissance et de correction. Chaque action, chaque pensée et chaque expérience ont un impact durable sur l'âme, et en reconnaissant cela, le kabbaliste peut vivre avec plus de but et de conscience, sachant que ses choix dans cette vie ont des répercussions au-delà du monde physique et au-delà de son existence présente.

Maintenant que nous comprenons le concept de réincarnation (*Guilgoul*) et sa fonction dans la cosmologie kabbalistique, il est important d'explorer comment identifier les schémas karmiques et les mémoires des vies passées, ainsi que la manière dont ces connaissances peuvent être appliquées dans le processus d'élévation spirituelle et dans la recherche de la complétude. La Kabbale n'enseigne pas seulement que l'âme se réincarne pour corriger les défauts passés, mais offre également des méthodes pour aider le pratiquant à découvrir quels aspects de sa vie actuelle sont liés à des expériences antérieures, lui permettant de travailler de manière plus consciente et ciblée sur son *Tikoun* personnel.

Le processus d'identification des schémas karmiques dans la vie actuelle est subtil et exige une attention particulière aux circonstances récurrentes et aux défis qui surgissent à plusieurs reprises. La Kabbale enseigne que, souvent, les problèmes que nous rencontrons de manière persistante dans nos vies sont des échos de déséquilibres ou de défauts non résolus dans des incarnations antérieures. Si une personne rencontre des difficultés constantes dans un domaine spécifique – que ce soit dans les relations, la santé, les finances ou la spiritualité – cela peut être un indicateur que l'âme est confrontée à des problèmes qui n'ont pas été corrigés dans les vies passées.

Une manière pratique de commencer à identifier ces schémas est l'auto-observation consciente et la réflexion régulière sur les événements significatifs qui se produisent dans la vie. Les kabbalistes suggèrent que le pratiquant tienne un journal spirituel, où il enregistre non seulement les événements quotidiens, mais aussi les émotions et les réactions qui surgissent en réponse à ces événements. Au fil du temps, des schémas peuvent émerger, et la répétition de certains types de défis ou de comportements peut être le signe d'un *Tikoun* non résolu d'une incarnation antérieure.

En plus de l'auto-observation, la méditation kabbalistique offre un outil puissant pour explorer les racines spirituelles des défis actuels. En méditant sur les *Séfirot*, par exemple, le kabbaliste peut chercher à comprendre quel aspect de son âme est déséquilibré et nécessite une correction. Si la personne éprouve des conflits continus dans ses relations, elle peut méditer sur la Séfira de *Tiféret*, qui est associée à l'harmonie, en cherchant à comprendre comment mieux intégrer les forces de *'Hessed* (miséricorde) et de *Guévoura* (jugement). Si les défis sont liés à l'ego ou au sens du but, la méditation sur *Yessod* ou *Malkhout* peut apporter de la clarté sur la façon d'aligner la vie avec les énergies spirituelles correctes.

La méditation sur les Noms Divins est une autre pratique centrale dans l'identification des schémas karmiques. Les 72 Noms de Dieu, qui agissent comme des canaux d'énergie spirituelle, peuvent être utilisés pour révéler des informations sur le but de l'âme et les défis qu'elle doit surmonter dans son voyage de correction. Chacun de ces Noms correspond à une fréquence spirituelle unique et, en méditant sur eux, le pratiquant peut ouvrir son esprit à des perceptions sur la nature de sa mission spirituelle. La méditation sur le Nom *Ayin Lamed Mem*, par exemple, est traditionnellement utilisée pour apporter de la clarté sur le karma et aider à dissiper les illusions qui entravent la compréhension du *Tikoun* personnel.

En plus des méditations, la Kabbale enseigne que les rêves sont une porte d'entrée vers les mémoires spirituelles et les vies passées. Les rêves, selon la tradition kabbalistique, sont des moments où l'âme s'élève temporairement du corps physique et se connecte aux royaumes spirituels. Pendant cette séparation, il est possible que l'âme accède à des informations provenant d'incarnations antérieures ou reçoive des messages concernant sa correction actuelle. En pratiquant l'interprétation des rêves kabbalistique, le pratiquant peut commencer à déchiffrer les symboles et les thèmes récurrents dans ses rêves, identifiant des schémas qui peuvent être connectés à ses vies passées.

L'une des méthodes les plus pratiques pour augmenter la clarté des rêves est la récitation de prières spécifiques avant de dormir, combinée à une intention focalisée. L'une des pratiques recommandées est de réciter le Psaume 91, qui est considéré comme une protection spirituelle et un moyen de préparer l'âme à recevoir des messages clairs pendant l'état de rêve. Une autre technique kabbalistique consiste à méditer sur le Tétragramme (YHVH) avant de dormir, en visualisant les lettres sacrées illuminant l'esprit et l'âme, en demandant des conseils et de la clarté sur les défis et le *Tikoun* de la vie actuelle.

En plus des rêves, certains kabbalistes suggèrent également l'utilisation d'amplificateurs spirituels, tels que des amulettes ou des pierres kabbalistiques, qui aident à débloquer l'accès aux mémoires spirituelles. Ces amulettes sont gravées de Noms Divins ou de combinaisons de lettres hébraïques qui créent un champ de protection autour de l'âme, lui permettant de recevoir des informations spirituelles avec plus de clarté. Cependant, il est important de souligner que le pouvoir de ces objets ne réside pas dans leurs propriétés physiques, mais dans l'intention spirituelle (*kavana*) avec laquelle ils sont utilisés.

Une fois que le pratiquant commence à identifier les schémas karmiques et à comprendre la nature de son *Tikoun*, l'étape suivante consiste à travailler activement à la correction de ces déséquilibres. La Kabbale offre une série de pratiques pour aider au processus de correction, allant des actes de *Tsédaka* (charité) à la réalisation de *Mitsvot* avec une intention focalisée. Lorsqu'un kabbaliste découvre qu'il a un schéma de manque de générosité ou d'égoïsme provenant de vies passées, il peut intensifier sa pratique de *Tsédaka*, non seulement comme un acte de charité, mais comme un moyen de corriger un aspect spirituel qui a été déséquilibré.

En plus des *Mitsvot*, le repentir kabbalistique (*Téchouva*) est une pratique fondamentale pour corriger les erreurs du passé. La *Téchouva*, comme nous l'avons vu, n'est pas seulement un processus de demande de pardon, mais une transformation profonde de l'âme, qui permet au pratiquant de réorienter sa vie vers la lumière divine. Grâce à la *Téchouva*, le kabbaliste non seulement corrige ses erreurs, mais transcende également les limitations de ses incarnations antérieures, s'élevant spirituellement.

La *Téchouva* comporte quatre étapes principales : le repentir sincère pour les erreurs commises, l'engagement à changer, la confession verbale des erreurs (généralement par la prière) et, enfin, la rectification des actions par des changements concrets dans la vie quotidienne. Ce processus libère non seulement le pratiquant du karma négatif accumulé, mais transforme également l'énergie négative en énergie positive, car l'erreur commise devient une opportunité de croissance et d'élévation spirituelle.

Une pratique avancée dans la Kabbale pour travailler avec le *Tikoun* personnel est la méditation sur la réincarnation. Certains kabbalistes recommandent de méditer sur le concept de *Guilgoul* comme un moyen de reconnaître que l'âme est dans un cycle continu d'apprentissage et d'évolution. Au cours de cette méditation, le pratiquant visualise son âme comme une étincelle de lumière se déplaçant à travers les différentes sphères de l'existence, nettoyant les défauts, accumulant la sagesse et retournant constamment dans le monde physique pour de nouvelles opportunités de correction. Cela apporte une perspective plus large et plus profonde sur le voyage spirituel, aidant le kabbaliste à accepter les défis de la vie comme faisant partie d'un processus plus vaste d'élévation.

Une autre façon de travailler avec la réincarnation est la pratique d'une attention consciente aux relations interpersonnelles. La Kabbale enseigne que bon nombre de nos interactions avec les autres, en particulier les plus intenses ou conflictuelles, sont le reflet de connexions karmiques de vies passées. Si une relation est particulièrement difficile, le kabbaliste peut aborder la situation en étant conscient que cette personne a peut-être joué un rôle important dans une vie antérieure et que l'interaction actuelle offre une opportunité de correction mutuelle. La pratique du pardon, tant pour soi-même que pour les autres, est considérée comme l'un des moyens les plus puissants de libérer le karma négatif accumulé.

Enfin, la sagesse kabbalistique sur la réincarnation invite le pratiquant à vivre avec une conscience élargie du but spirituel de chaque vie. Comprendre que nous sommes dans un cycle continu de correction et d'apprentissage nous aide non seulement à affronter les défis avec plus de patience et de sagesse, mais nous encourage également à agir avec plus de responsabilité dans nos actions et nos choix quotidiens. Chaque vie est une opportunité précieuse d'avancement spirituel, et chaque choix a des répercussions qui s'étendent au-delà de l'existence présente.

En reconnaissant la profondeur du *Tikoun* personnel, la Kabbale nous enseigne à devenir des co-créateurs conscients de notre destin spirituel, en participant activement à la correction des fautes du passé et en préparant notre âme à la complétude et à l'union finale avec le divin. La réincarnation n'est pas seulement un cycle de répétition ; c'est une spirale ascendante de croissance et d'accomplissement spirituel, dans laquelle chaque incarnation apporte de nouvelles opportunités de correction, de purification et d'élévation de l'âme.

Chapitre 10
La Langue Secrète de la Kabbale
Guématrie

La Guématrie est l'un des outils les plus énigmatiques et fascinants de la Kabbale, utilisée pour dévoiler les significations cachées des textes sacrés, révélant des couches profondes de sagesse spirituelle qui sont codifiées dans les lettres et les nombres. Essentiellement, la Guématrie est un système de numérologie kabbalistique qui attribue des valeurs numériques aux lettres hébraïques, permettant à l'étudiant de trouver des correspondances spirituelles entre des mots, des phrases et des concepts apparemment sans rapport. Grâce à ce système, le kabbaliste est capable d'accéder à un langage secret et symbolique, où les nombres deviennent des portails vers des réalités spirituelles supérieures.

Dans l'alphabet hébreu, chaque lettre possède une valeur numérique correspondante, ce qui permet d'analyser les mots en termes de la somme de leurs valeurs numériques. Par exemple, la lettre Aleph (א) a la valeur de 1, Beth (ב) a la valeur de 2, et ainsi de suite, jusqu'à la valeur de 400, qui correspond à la lettre Tav (ת). La Guématrie n'est pas seulement un exercice mathématique, mais un outil qui révèle les connexions spirituelles entre les mots et les idées. En additionnant les valeurs numériques des lettres d'un mot, le kabbaliste peut découvrir d'autres mots ou phrases ayant la même valeur, suggérant une connexion mystique entre les concepts qu'ils représentent.

Un exemple classique et fréquemment cité dans la Guématrie est la relation entre les mots Echad (אחד), qui signifie "un" ou "unité", et Ahavah (אהבה), qui signifie "amour". Les deux mots totalisent 13, et lorsque deux fois 13 sont additionnés (représentant la réciprocité de l'amour entre deux parties), le résultat est 26, la valeur numérique du Tétragramme (YHVH), le Nom Divin de Dieu. Cet exemple révèle que l'amour (Ahavah) est la clé pour expérimenter l'unité divine (Echad) et qu'en vivant dans l'amour, nous nous connectons plus profondément à la présence de Dieu.

La Guématrie a ses racines dans les textes anciens de la tradition juive, tels que le Sefer Yetzirah et le Zohar, et a été largement développée par de grands kabbalistes comme l'Arizal (Isaac Luria) et le Ramban (Nachmanide). Ces sages croyaient que l'alphabet hébreu n'est pas seulement un ensemble de symboles linguistiques, mais les lettres fondamentales de la création, utilisées par Dieu pour former l'univers. Dans la Kabbale, l'acte même de Dieu créant le monde est vu comme un processus linguistique, où les lettres hébraïques agissent comme des blocs de construction de la réalité. Chaque lettre porte une énergie spirituelle spécifique, et la combinaison de ces lettres en mots forme un code mystique qui révèle les secrets de la création.

L'utilisation de la Guématrie est particulièrement importante dans l'interprétation des textes sacrés, comme la Torah, où chaque mot, et même chaque lettre, est considéré comme possédant de multiples significations. Grâce à la Guématrie, le kabbaliste peut trouver des correspondances numériques entre différents passages de la Torah et d'autres textes sacrés, révélant des connexions spirituelles qui ne sont pas apparentes à la lecture littérale. Cette méthode d'interprétation profonde aide l'étudiant à accéder aux couches ésotériques des textes et à comprendre la signification cachée derrière les mots.

Il existe plusieurs types de Guématrie utilisés dans la Kabbale, chacun avec ses propres règles et variations. La forme la plus courante et la plus basique est appelée Guématrie Peshoutah (Guématrie simple), où les lettres hébraïques sont attribuées à leurs valeurs numériques standard. De plus, il y a aussi la Guématrie Katan (Guématrie réduite), où les valeurs numériques sont réduites à un seul chiffre. Par exemple, la lettre Tav (400) serait réduite à 4, la lettre Mem (40) serait réduite à 4, et ainsi de suite. Cette forme de Guématrie est utilisée pour simplifier les calculs et révéler de nouveaux niveaux de correspondance entre les mots.

Un autre type de Guématrie est la Guématrie Milouï (Guématrie du remplissage), où la valeur numérique d'une lettre est calculée non seulement sur la base de la lettre seule, mais aussi sur les lettres qui la composent lorsqu'elle est écrite en toutes lettres. Par exemple, la lettre Aleph (א), qui a normalement la valeur de 1, serait écrite comme Aleph-Lamed-Pé (אלף), avec une valeur numérique totale de 111 (1 + 30 + 80). Grâce à la Guématrie Milouï, le kabbaliste peut découvrir des couches supplémentaires de signification dans les lettres et les mots, explorant les différents aspects de la réalité spirituelle qui sont codifiés dans leurs formes étendues.

L'étude de la Guématrie ne se limite pas seulement à la compréhension des mots et des lettres, mais englobe également le temps et l'espace. La Kabbale enseigne que les cycles temporels, comme les années, les mois et les jours, ont également des correspondances numériques qui peuvent être analysées pour révéler le but spirituel d'événements et d'époques spécifiques. Par exemple, la valeur numérique du mot Shanah (הנש), qui signifie "année", est de 355, ce qui fait référence au cycle lunaire de 355 jours. Cela suggère une connexion entre le concept de temps et le mouvement des corps célestes, révélant une harmonie cosmique qui sous-tend la création.

La Guématrie est largement utilisée dans les noms propres, en particulier dans le choix des noms pour les enfants. Dans la Kabbale, on croit que le nom d'une personne contient le destin spirituel et le but de son âme. Lors du choix d'un nom, les kabbalistes consultent souvent la Guématrie pour s'assurer que la valeur numérique du nom est en harmonie avec les objectifs spirituels de l'enfant. De plus, la Guématrie peut être utilisée pour analyser les noms en relation avec des événements importants dans la vie d'une personne, comme les mariages ou les naissances, aidant à identifier des qualités spirituelles spécifiques associées à ces moments.

Un autre exemple classique de l'utilisation de la Guématrie est la correspondance entre le mot Mashiach (משיח), qui signifie "Messie", et le mot Nachash (נחש), qui signifie "serpent". Les deux mots totalisent 358. Cette équivalence révèle la dualité spirituelle présente dans le concept de rédemption. Alors que le Mashiach représente la rédemption et la réparation du monde, le Nachash symbolise le mal et le péché, le serpent qui a causé la chute d'Adam et Eve dans le Jardin d'Eden. Cette correspondance suggère qu'en surmontant les forces du mal (Nachash), le monde peut s'ouvrir à l'arrivée du Mashiach, complétant le Tikoun Olam (réparation du monde).

La Guématrie est également liée au libre arbitre et au karma spirituel. Le kabbaliste comprend que les choix que nous faisons dans la vie ont des correspondances spirituelles, et que nos noms, nos actions et nos pensées créent une résonance numérique dans l'univers. Grâce à la Guématrie, il est possible d'identifier ces énergies et de travailler activement à les équilibrer. Si une personne est confrontée à des défis ou à des déséquilibres spirituels, la Guématrie peut être utilisée pour identifier les domaines de la vie qui sont en déséquilibre et les mots ou combinaisons numériques qui peuvent aider à restaurer l'équilibre spirituel.

Une application pratique de la Guématrie dans la vie quotidienne du kabbaliste est la méditation sur des mots et des nombres sacrés. En concentrant son esprit sur un mot spécifique et sa valeur numérique, le kabbaliste peut entrer dans un état méditatif qui lui permet de se connecter aux énergies spirituelles associées à ce mot. Par exemple, méditer sur le nombre 26, qui est la valeur numérique du Nom Divin YHVH, aide à amener la conscience à la présence de Dieu et à l'unité de la création. De même, méditer sur le nombre 18, qui correspond au mot Chaï (חי), qui signifie "vie", peut être une pratique puissante pour attirer les énergies de vitalité et de croissance spirituelle.

La Guématrie est plus qu'un système mystique de nombres ; c'est un langage spirituel vivant, qui permet au kabbaliste de pénétrer les secrets de l'univers et de dévoiler les connexions cachées qui imprègnent la réalité. En étudiant la Guématrie, le kabbaliste découvre que tout dans l'univers est interconnecté par des codes numériques, et que ces codes contiennent la clé pour comprendre la volonté divine et le but de la création. Chaque nombre, chaque lettre et chaque mot portent en eux une infinité de significations spirituelles qui, une fois révélées, aident le pratiquant à s'aligner sur les énergies divines et à trouver son chemin dans le voyage spirituel.

Maintenant que nous avons exploré les fondements de la Guématrie et comment elle peut être utilisée pour révéler des connexions spirituelles profondes entre les mots et les concepts, il est temps de plonger dans les applications pratiques de cet outil dans l'étude kabbalistique et la vie quotidienne. La Guématrie offre au pratiquant un moyen de comprendre et d'influencer la réalité qui l'entoure, grâce au pouvoir transformateur des nombres et des lettres hébraïques.

L'une des premières étapes pour travailler avec la Guématrie est l'utilisation de méditations numériques.

La méditation sur des mots et des nombres sacrés est une pratique qui aide à apporter des aperçus spirituels et à syntoniser l'esprit avec les énergies divines associées à certaines valeurs numériques. Un exercice simple pour commencer est de choisir un mot important, comme le Nom Divin YHVH (יהוה), qui a la valeur numérique de 26. En méditant sur ce nombre, le pratiquant peut visualiser les lettres et permettre à leur signification et à leur énergie de remplir l'esprit, apportant un sentiment d'unité avec le divin.

Cet exercice peut être étendu en incorporant la Guématrie Milouï, où les lettres sont écrites dans leur forme complète. Par exemple, YHVH (יהוה) peut être exprimé comme Yod-Vav-Dalet (יוד), Heh-Alef (הא), Vav-Alef-Vav (ואו), Heh-Alef (הא), ce qui élève la valeur numérique totale à 72. Méditer sur cette forme étendue du Nom Divin peut ouvrir de nouveaux canaux de perception spirituelle, révélant la complexité et la profondeur de l'énergie divine qui imprègne l'univers. Cette méditation aide à renforcer la connexion avec les énergies spirituelles supérieures et peut être utilisée pour la clarté mentale, la guérison spirituelle ou la protection.

Une autre technique pratique implique la Guématrie appliquée à l'analyse des noms. Comme la Kabbale enseigne que les noms des personnes portent leur destin spirituel, la Guématrie peut être utilisée pour découvrir le but de l'âme à travers le nom d'une personne. Pour ce faire, le pratiquant commence par calculer la valeur numérique du nom complet de la personne en hébreu. Ensuite, il recherche d'autres mots ou phrases ayant la même valeur numérique, afin de découvrir quelles qualités ou quels défis spirituels sont associés à cette personne.

Par exemple, si le nom d'une personne a la valeur numérique de 248, le kabbaliste peut observer que cette valeur correspond au mot Rachoum (םוחר), qui signifie "compatissant". Cela peut suggérer que la mission spirituelle de cette personne implique le développement de la qualité de compassion dans ses interactions. De plus, 248 est le nombre de Mitzvot positives (commandements qui ordonnent de faire quelque chose), ce qui pourrait indiquer que cette âme a une forte inclination à accomplir des actions positives et spirituellement édifiantes. Ce type d'analyse offre des aperçus pratiques sur la nature et les défis spirituels qu'une personne rencontre, l'aidant à vivre de manière plus alignée avec son Tikoun.

Une pratique encore plus profonde est l'utilisation de la Guématrie pour interpréter les événements de la vie d'une personne. Les kabbalistes croient que les événements ne sont pas accidentels, et que les événements importants, comme la naissance d'un enfant, les mariages ou même les crises de la vie, ont des significations spirituelles cachées qui peuvent être découvertes grâce à la Guématrie. Un exercice pour cela est de calculer la valeur numérique de la date d'un événement significatif, puis de rechercher des mots ou des concepts ayant la même valeur numérique. Cela peut offrir une compréhension plus large du but spirituel derrière l'événement.

Par exemple, si une personne est née à une date dont la valeur numérique équivaut à 613, le nombre des

Mitzvot de la Torah, cela peut suggérer que la vie de cette personne est profondément connectée à l'observance et à l'accomplissement des commandements divins. L'analyse de la Guématrie appliquée à des événements importants peut aider la personne à comprendre les schémas karmiques, révélant les leçons spirituelles qui sont offertes à travers ses expériences de vie.

La Guématrie peut également être utilisée pour la prière et la méditation, en particulier en se concentrant sur certains nombres ou mots qui ont une énergie spirituelle spécifique. L'une des méthodes traditionnelles est de méditer sur le nombre 18, qui correspond au mot Chaï (חי), signifiant "vie". En se concentrant sur ce nombre pendant une méditation, le pratiquant peut attirer les énergies de vitalité et de renouveau. Cette méditation peut être utile dans les moments de stagnation ou lorsque le pratiquant souhaite apporter plus d'énergie et de croissance spirituelle dans sa vie.

Un autre nombre significatif dans la méditation kabbalistique est le 45, qui est la valeur numérique d'Adam (מדא), le premier être humain, et qui est également associé à la Séfirah de Tiphéreth, qui représente l'harmonie et l'équilibre. Méditer sur le nombre 45 peut aider le pratiquant à trouver l'harmonie intérieure, en équilibrant les forces opposées de miséricorde et de sévérité, et à intégrer ces énergies dans sa vie quotidienne. En harmonisant ces forces, la personne s'aligne sur le but supérieur de l'équilibre spirituel, tant en elle-même que dans ses relations avec les autres.

En plus des méditations et des prières, la Guématrie peut être utilisée dans des actions concrètes pour générer des résultats spirituels spécifiques. Un exemple classique est la pratique de la Tzedakah (charité). Dans la tradition kabbalistique, il existe une coutume de donner des sommes d'argent qui correspondent à certains nombres significatifs dans la Guématrie. Par exemple, donner 18 unités de monnaie (une valeur équivalente à "vie") peut être considéré comme un acte de don de vitalité, aidant à la fois le receveur et le donneur à se connecter aux énergies de renouveau et de croissance spirituelle.

Une autre pratique kabbalistique qui utilise la Guématrie est l'utilisation d'amulettes et de talismans. Certains Noms Divins ou combinaisons de lettres hébraïques sont gravés sur des amulettes ou des bijoux pour la protection spirituelle, la guérison ou la prospérité. Ces amulettes sont créées sur la base de calculs de Guématrie qui connectent le porteur à des énergies spécifiques de l'univers. Par exemple, les amulettes qui contiennent le Nom El Shaddaï (ידש לא), dont la valeur numérique est de 345, sont souvent utilisées pour la protection, car ce Nom de Dieu est associé à la sécurité et à la capacité de surmonter les forces adverses.

La Guématrie peut également être appliquée à la lecture et à l'interprétation de la Torah, aidant le pratiquant à dévoiler les niveaux les plus profonds de significations cachées dans les textes sacrés. En étudiant un verset de la Torah, le kabbaliste peut calculer la valeur numérique de mots ou de phrases spécifiques et rechercher d'autres passages ayant la même valeur. Cela révèle des correspondances spirituelles entre différentes parties de la Torah qui, à première vue, ne semblent pas être connectées. Par exemple, la valeur numérique du mot Bereshit (בְּרֵאשִׁית), qui signifie "au commencement", est de 913. Cette valeur numérique peut être associée à d'autres mots ou concepts dans le texte sacré, révélant de nouvelles couches de signification.

L'utilisation de la Guématrie pour interpréter les textes sacrés est une forme d'étude profonde et ésotérique. De nombreux kabbalistes croient que chaque lettre, chaque mot et chaque nombre dans la Torah contient des secrets spirituels qui peuvent être révélés par cette méthode. En étudiant la Guématrie, le pratiquant développe la capacité de voir au-delà du niveau superficiel du texte, accédant aux niveaux Sod (ésotérique) et Remez (symbolique) de l'interprétation, où les mystères spirituels de la création et du dessein divin sont révélés.

L'un des exercices les plus simples pour commencer à appliquer la Guématrie à la lecture de la Torah est de choisir un verset spécifique et de calculer la valeur numérique d'un mot central. Ensuite, le pratiquant peut rechercher des mots ayant la même valeur numérique dans d'autres passages de la Torah ou dans des textes kabbalistiques. Cette pratique aide à construire un réseau de connexions spirituelles entre différentes idées, montrant comment la Kabbale considère la réalité comme un tout interconnecté, où chaque partie reflète le tout.

La Guématrie est, en fin de compte, un outil de révélation spirituelle. Il ne s'agit pas seulement d'un système de nombres, mais d'une manière de comprendre les énergies spirituelles qui soutiennent l'univers. Grâce à elle, le kabbaliste est capable d'accéder à des niveaux cachés de sagesse et d'apporter cette sagesse dans sa vie quotidienne de manière pratique et transformatrice. Que ce soit par la méditation, l'étude ou l'action, la Guématrie connecte l'individu aux profondeurs des mystères divins, l'aidant à trouver son but et à s'aligner sur les énergies spirituelles les plus élevées.

Chapitre 11
Le Mal et le Libre Arbitre dans la Kabbale

Dans la Kabbale, le concept de mal occupe une place centrale dans le développement spirituel de l'âme et dans le but de la création. Contrairement aux visions plus traditionnelles qui considèrent le mal comme quelque chose à détruire ou à éradiquer, la Kabbale nous enseigne que le mal a une fonction nécessaire dans le cosmos. C'est une force qui, lorsqu'elle est comprise et maîtrisée, devient un catalyseur de croissance spirituelle et de manifestation du libre arbitre. Le mal, dans la vision kabbalistique, est profondément lié au concept d'obscurité et d'occultation, et son existence permet aux êtres humains de faire des choix conscients, permettant au libre arbitre de s'épanouir comme un instrument d'élévation spirituelle.

La création du mal est liée à la contraction ou Tzimtzum, l'un des concepts les plus profonds de la Kabbale, introduit par Isaac Luria, l'Arizal. Avant la création, il n'existait que la lumière infinie de Dieu, une lumière si intense qu'elle ne laissait aucune place à l'existence de quoi que ce soit d'autre. Pour permettre la création d'un monde avec libre arbitre et autonomie, Dieu a dû "occulter" une partie de Sa lumière, créant un vide où l'existence indépendante pouvait se produire.

Dans cet espace, la réalité physique et les âmes humaines ont commencé à exister, mais cette contraction a également donné naissance à une condition d'obscurité spirituelle, où la présence divine devient moins évidente. Cette obscurité est le terreau fertile où le mal peut surgir, mais c'est aussi là que le potentiel du libre arbitre est planté.

Le mal, dans la Kabbale, est décrit comme une énergie chaotique, une force qui est en déséquilibre avec le dessein divin, mais qui fait néanmoins partie de la création. Il se manifeste de diverses manières, tant dans le monde extérieur, comme les guerres et la destruction, que dans le monde intérieur, à travers les pulsions égoïstes, l'orgueil et le désir effréné. Cependant, sa présence dans le monde est considérée comme temporaire et nécessaire, car elle met l'être humain au défi de choisir entre le bien et le mal, entre la lumière et l'obscurité. Le mal offre un choix qui, lorsqu'il est surmonté, conduit à la croissance spirituelle et à l'élévation de l'âme.

Ce choix est au cœur du concept kabbalistique de libre arbitre (Bechirah Chofshit). La Kabbale enseigne que le libre arbitre est la capacité de l'âme à choisir consciemment de suivre le chemin de la lumière, c'est-à-dire de s'aligner sur la volonté divine, ou de suivre le chemin de l'obscurité, qui s'aligne sur l'ego et le désir matériel effréné. Le libre arbitre est considéré comme l'un des dons les plus précieux que Dieu ait accordés à l'humanité, car il permet à chaque individu de participer activement à la création, devenant ainsi un co-créateur dans le processus de correction et d'élévation du monde.

La lutte entre le bien et le mal dans la Kabbale est également représentée par les forces opposées qui imprègnent la création. À l'origine, ces forces sont présentes dans les Sefirot, les dix émanations divines qui régissent l'univers. Deux de ces Sefirot, Chesed (bonté) et Guevoura (rigueur), illustrent cette tension entre forces opposées. Tandis que Chesed représente l'amour inconditionnel et l'expansion, Guevoura apporte l'énergie du jugement et de la restriction. Les deux sont nécessaires à l'équilibre de l'univers, mais lorsque Guevoura devient excessive, les manifestations du mal apparaissent – jugement sévère, souffrance et séparation. D'un autre côté, le déséquilibre de Chesed peut conduire au chaos et au manque de limites. L'équilibre entre ces forces est ce qui permet l'harmonie et la croissance spirituelle.

Le libre arbitre ne peut être exercé de manière véritable que dans un monde où le mal existe, car c'est par le choix conscient entre la lumière et l'obscurité que l'être humain peut croître spirituellement. S'il n'y avait pas de mal, le choix du bien serait automatique et sans mérite. De cette façon, le mal est une force qui donne à l'être humain l'opportunité de transcender sa propre nature. Lorsqu'une personne résiste aux tentations de l'ego, elle transforme l'obscurité du mal en lumière, accomplissant ainsi le but spirituel de son âme.

La Kabbale enseigne que l'âme humaine est composée de différentes couches, chacune ayant sa propre relation avec le bien et le mal. Le niveau le plus bas de l'âme, appelé Nefesh, est le plus connecté aux désirs physiques et aux émotions les plus basiques. C'est le point d'entrée du mal dans la conscience humaine, où l'ego et le désir matériel peuvent obscurcir la connexion de l'âme avec le divin. Cependant, au fur et à mesure que la personne travaille spirituellement, elle peut élever son âme vers des niveaux plus élevés, tels que le Ruach et la Neshamah, qui sont plus connectés à la moralité, à l'intuition spirituelle et à la sagesse divine. Plus l'âme est élevée, plus grande est la capacité de discerner entre le bien et le mal, et plus grand est le pouvoir de choisir consciemment de suivre le chemin de la lumière.

La Torah et les enseignements kabbalistiques offrent des conseils sur la façon de maîtriser les forces du mal et d'éveiller le potentiel du libre arbitre. La pratique des Mitzvot, les commandements divins, est l'un des moyens centraux de maintenir l'âme alignée avec le bien et éloignée de l'influence négative du mal. En accomplissant les commandements avec intention et concentration spirituelle, l'individu renforce sa connexion avec la lumière divine et affaiblit les forces de l'obscurité qui peuvent surgir à travers l'ego et les désirs matériels.

Un autre aspect important du mal dans la Kabbale est le concept de Sitra Achra, qui signifie "l'autre côté". Sitra Achra fait référence à la dimension spirituelle où le mal et l'obscurité résident. Ces forces sont considérées comme faisant partie du système divin, mais dans un état de déséquilibre et d'éloignement de la lumière. Le mal, selon cette vision, n'est pas une force indépendante, mais plutôt un état de déconnexion de la source divine. Le travail spirituel du kabbaliste est de transformer la

Sitra Achra en lumière, apportant équilibre et harmonie à l'univers.

La Kabbale nous enseigne également que le libre arbitre peut être renforcé par la méditation et la réflexion spirituelle. En méditant sur les énergies opposées de Chesed et Guevoura, le kabbaliste apprend à reconnaître les forces du bien et du mal en lui et dans le monde qui l'entoure. Grâce à la méditation, il cultive la capacité de faire des choix conscients, qui le rapprochent du bien et l'éloignent des influences négatives. De plus, la réflexion sur ses propres actions et intentions est une pratique essentielle pour développer le libre arbitre et discerner le bon chemin à suivre.

Un exemple classique dans la Kabbale qui illustre la lutte entre le bien et le mal est l'histoire d'Adam et Eve dans le jardin d'Eden. Le péché originel est considéré comme le premier exemple de libre arbitre exercé de manière incorrecte, où Adam et Eve ont cédé aux tentations du serpent (une représentation du mal) et ont désobéi au commandement divin. Cependant, la Kabbale enseigne que même cet acte de désobéissance n'était pas entièrement négatif, car il a introduit dans le monde la possibilité de correction et d'élévation. À travers les mauvais choix d'Adam et Eve, l'humanité a été introduite au concept de Tikoun, la correction spirituelle qui est atteinte en transformant le mal en bien et l'obscurité en lumière.

La Kabbale nous rappelle que le mal n'est pas éternel. Il existe comme une partie du processus d'élévation et de correction spirituelle, mais il sera finalement surmonté. L'ère messianique, ou Olam HaBa (le monde à venir), est considérée comme le temps où le mal sera complètement transformé et où l'humanité vivra dans un état d'unité et d'harmonie avec Dieu. Dans cette vision, le mal ne sera pas détruit, mais plutôt intégré et transformé en une nouvelle source de lumière et de croissance spirituelle.

Comme nous l'avons vu précédemment, la Kabbale considère le mal comme une force nécessaire à la création, offrant aux êtres humains l'opportunité d'exercer leur libre arbitre. L'existence du mal n'est pas une fin en soi, mais un défi spirituel qui nous permet de choisir consciemment le bien et de nous élever spirituellement. Maintenant, explorons comment appliquer ces concepts de manière pratique dans la vie quotidienne, dans le but de surmonter les tentations et les défis spirituels que nous rencontrons, en utilisant le libre arbitre comme un outil de croissance et de transformation intérieure.

La pratique kabbalistique enseigne que reconnaître les forces du mal en nous est la première étape pour les maîtriser. Ces forces ne sont pas extérieures, mais se manifestent dans nos désirs égoïstes, nos penchants à la négativité et nos impulsions qui nous éloignent de notre essence divine. La Kabbale identifie ces penchants négatifs comme le Yetzer Hará, ou l'inclination au mal, qui existe en opposition au Yetzer Hatov, l'inclination au bien. Ce dualisme interne reflète la tension cosmique entre la lumière et l'obscurité, mais ouvre également un chemin vers la croissance spirituelle, car chaque fois que nous résistons au Yetzer Hará, nous progressons dans notre voyage de correction spirituelle, le Tikoun.

L'un des outils kabbalistiques les plus importants pour faire face au mal intérieur est le concept de Hitbonenut, ou réflexion profonde. Cette pratique consiste à réserver des moments quotidiens pour examiner nos pensées, nos émotions et nos actions. La réflexion n'est pas seulement une analyse mentale, mais une méditation spirituelle sur nos motivations et nos décisions, en nous demandant si nous agissons à partir du Yetzer Hará ou du Yetzer Hatov. Grâce à l'Hitbonenut, le kabbaliste peut identifier les schémas de comportement qui sont dominés par des impulsions négatives et, ensuite, prendre des décisions plus conscientes qui l'alignent avec le bien.

Une technique utile dans cette pratique de réflexion est l'auto-analyse quotidienne à travers un journal spirituel, où l'on enregistre les moments où nous avons été confrontés à des défis moraux et comment nous y avons réagi. Le kabbaliste peut alors examiner ces notes, en recherchant les schémas où le Yetzer Hará a pris le contrôle et en réfléchissant à la manière dont il aurait pu agir différemment. Cette pratique aide à renforcer le libre arbitre, car en prenant conscience de nos faiblesses, nous nous préparons mieux à agir avec plus de clarté et de détermination dans les situations futures.

En plus de la réflexion, la Kabbale enseigne que les actions correctives sont essentielles pour surmonter les forces du mal. Chaque fois que nous résistons à une tentation ou que nous agissons conformément au bien, nous transformons une portion d'obscurité en lumière. Cela peut être pratiqué dans de petits actes quotidiens, comme le contrôle des paroles prononcées impulsivement, le dépassement des sentiments de colère ou le choix d'être généreux lorsque l'ego nous pousse à l'égoïsme. Ces petites victoires sont cruciales dans la bataille spirituelle, car chaque action de dépassement renforce notre âme et nous connecte plus profondément à la lumière divine.

La pratique des Mitzvot (commandements) joue également un rôle crucial dans la lutte contre le mal et dans l'élévation spirituelle. Dans la Kabbale, les Mitzvot ne sont pas seulement considérées comme des obligations religieuses, mais comme des canaux pour apporter la lumière au monde et élever l'âme. Accomplir les Mitzvot avec une intention (Kavanah) consciente nous connecte à la volonté divine, nous aidant à surmonter les tentations du Yetzer Hará. Par exemple, la pratique régulière de la Tzedakah (charité) est un acte qui affine l'ego et purifie l'âme, transformant le désir d'auto-agrandissement en un acte d'altruisme et de bonté.

Un autre aspect important de la Kabbale est le concept de résistance active au mal, qui implique des techniques pour bloquer l'influence des forces négatives dans notre vie. Ces forces, connues sous le nom de Klipot (écorces ou coquilles), sont des manifestations d'énergies chaotiques qui enveloppent l'âme et la détournent de son but spirituel. Les Klipot peuvent provenir de nos propres comportements négatifs, tels que l'orgueil, l'envie, la luxure ou l'avarice, et elles nous maintiennent prisonniers d'un cycle d'obscurité spirituelle. Pour rompre avec ces forces, le kabbaliste utilise des pratiques telles que la méditation et l'invocation des Noms Divins.

La méditation sur les 72 Noms de Dieu, par exemple, est une pratique puissante qui aide à dissiper l'énergie des Klipot. Chacun des 72 Noms est composé de trois lettres hébraïques, qui forment une séquence de sons et de vibrations spirituelles. On croit qu'en méditant sur ces Noms, le pratiquant se connecte directement aux énergies divines qui peuvent neutraliser les influences négatives et apporter l'équilibre à l'âme. Un exemple est le Nom Ayin Lamed Mem, qui est utilisé pour dissiper la confusion et apporter la clarté mentale, un outil important lorsque nous sommes confrontés à des décisions qui impliquent un choix entre le bien et le mal.

De plus, la pratique kabbalistique de Teshuvah (repentir) est l'un des outils les plus transformateurs dans la lutte contre le mal. Teshuvah, littéralement "retour", implique un processus profond de retour à l'essence divine après avoir commis une erreur ou un péché. Dans la vision kabbalistique, le péché n'est pas seulement une transgression morale, mais un éloignement de la lumière divine. Grâce à la Teshuvah, la personne reconnaît son erreur, cherche à la réparer et, plus important encore, transforme l'énergie négative résultant de cette erreur en une nouvelle force positive.

La Teshuvah comporte trois étapes: le repentir sincère, l'engagement au changement et l'action corrective. Se repentir véritablement, c'est reconnaître l'impact de nos actions négatives sur notre âme et sur le monde qui nous entoure. L'engagement au changement exige une décision claire de ne pas répéter l'erreur, tandis que l'action corrective peut impliquer à la fois la réparation des dommages causés et l'engagement dans des actes spirituellement édifiants. La Kabbale considère le processus de Teshuvah comme l'un des plus grands dons divins, car il offre la possibilité non seulement de réparer ce qui a été brisé, mais aussi de s'élever à un état spirituel plus élevé qu'avant l'erreur.

Outre les pratiques internes, la Kabbale souligne également l'importance des actions communautaires dans la lutte contre le mal. La construction d'une société basée sur la justice, la bonté et l'altruisme est un moyen d'affaiblir les forces négatives qui existent dans le monde. Le concept de Tikoun Olam (correction du monde) implique à la fois la correction personnelle et la correction collective. En agissant au bénéfice des autres, nous participons activement à la mission kabbalistique de corriger le monde et de dissiper les énergies du mal qui affectent à la fois l'individu et la société.

Enfin, la Kabbale enseigne que le choix conscient est la clé de la libération du mal. Le libre arbitre nous donne le pouvoir de transformer notre réalité en choisissant le bien, même face aux tentations et aux défis. À chaque choix que nous faisons en direction de la lumière, nous progressons dans notre voyage spirituel, transformant le monde qui nous entoure. Le mal, par conséquent, n'est pas un ennemi à détruire, mais une force à transcender, une énergie qui, lorsqu'elle est redirigée, peut devenir une source de lumière et de croissance.

Dans des situations difficiles, comme lorsque nous sommes confrontés à la tentation, à la colère ou au désespoir, une pratique kabbalistique efficace est la pause consciente. Au lieu de réagir impulsivement, le kabbaliste apprend à s'arrêter, à respirer et à se demander : "Est-ce que j'agis conformément au Yetzer Hará ou au Yetzer Hatov ?" Cette simple réflexion peut transformer une situation de potentiel obscurité en une opportunité d'agir avec sagesse et d'élever l'esprit.

Ainsi, la pratique de la Kabbale en relation avec le mal et le libre arbitre n'est pas un rejet ou une négation du mal, mais un chemin de transformation. En exerçant notre libre arbitre de manière consciente et alignée avec les enseignements spirituels, nous pouvons transformer les énergies négatives en énergies positives, accomplissant ainsi notre rôle dans le Tikoun Olam.

Chapitre 12
La Guérison Cabalistique et les Sephiroth

Dans la Kabbale, la guérison est considérée comme un processus profond et multidimensionnel, qui n'implique pas seulement le corps physique, mais aussi l'esprit et l'âme. La guérison cabalistique est intrinsèquement liée à l'Arbre de Vie et à ses dix Sephiroth, qui représentent différents aspects de l'existence divine et de la manifestation de Dieu dans le monde. Chaque Sephirah émane une énergie spécifique, qui peut influencer non seulement la santé spirituelle, mais aussi la santé mentale et physique de l'être humain. La Kabbale nous enseigne que l'harmonie entre les Sephiroth est essentielle au bien-être général, et que les déséquilibres dans les énergies de ces émanations peuvent entraîner des maladies ou des souffrances. Par conséquent, la guérison cabalistique cherche à rétablir l'équilibre entre ces forces divines, en apportant une harmonie intérieure et extérieure.

L'Arbre de Vie peut être vu comme une carte spirituelle qui décrit le flux d'énergie divine depuis la source suprême, appelée Ein Sof (l'Infini), jusqu'au monde physique. Les Sephiroth sont les dix émanations ou manifestations de cette énergie, qui descendent dans un processus hiérarchique pour créer et soutenir toute l'existence. Chacune des Sephiroth a ses propres caractéristiques et qualités, et ces qualités peuvent être appliquées à la guérison cabalistique, tant au niveau individuel que collectif.

La guérison cabalistique commence par la compréhension que la maladie ou la souffrance surviennent lorsqu'il y a un déséquilibre ou un blocage dans le flux des énergies des Sephiroth. Lorsque le flux naturel des énergies divines est interrompu, cela affecte l'être humain à différents niveaux – physique, émotionnel et spirituel. Le but de la guérison est de rétablir l'équilibre entre les Sephiroth, permettant à l'énergie divine de circuler à nouveau librement, apportant guérison et harmonie à tous les aspects de la vie.

Chacune des dix Sephiroth joue un rôle important dans le processus de guérison. Explorons quelques-unes des principales Sephiroth et leurs connexions avec le bien-être spirituel, mental et physique :

Keter (Couronne) – Keter est la Sephirah la plus élevée de l'Arbre de Vie, représentant la volonté divine et la connexion directe avec l'Ein Sof. Dans le contexte de la guérison, Keter est associée à la sagesse supérieure et à l'intention pure. La guérison qui émane de Keter est de nature spirituelle élevée, et est liée à la capacité de se connecter au dessein divin de l'âme. Les déséquilibres dans Keter peuvent se manifester par un manque de direction spirituelle ou un sentiment de déconnexion avec le but de la vie. La guérison ici implique un alignement avec la volonté divine et une reconnexion avec la source.

Chokhmah (Sagesse) et Binah (Intelligence) – Ces deux Sephiroth représentent l'aspect intellectuel de la création et sont les principales sources d'inspiration et de perspicacité spirituelle. Chokhmah est l'étincelle de l'inspiration divine, tandis que Binah est la capacité de traiter et de comprendre cette sagesse. Les déséquilibres dans ces Sephiroth peuvent se manifester par une confusion mentale, de l'anxiété ou une incapacité à prendre des décisions claires. La guérison implique le renforcement de la connexion avec l'intuition spirituelle et la capacité de traiter cette intuition de manière pratique.

Chesed (Bonté) et Guebourah (Force) – Chesed et Guebourah représentent les forces émotionnelles de la bonté expansive et de la sévérité restrictive, respectivement. L'équilibre entre ces forces est essentiel à la santé émotionnelle. Les déséquilibres dans Chesed peuvent conduire à une indulgence excessive ou à un manque de limites, tandis que les déséquilibres dans Guebourah peuvent entraîner une rigidité émotionnelle, de la peur ou un auto-jugement sévère. La guérison ici implique de trouver l'équilibre entre donner et recevoir, entre l'amour inconditionnel et la restriction saine.

Tiphereth (Beauté) – Tiphereth est l'harmonie centrale de l'Arbre de Vie, où l'énergie de Chesed et de Guebourah se rencontrent en parfait équilibre. Tiphereth est associée à la guérison physique et émotionnelle, car c'est le point où l'amour expansif et la force restrictive fusionnent pour créer l'harmonie. Les déséquilibres dans Tiphereth peuvent se manifester par des maladies physiques ou des souffrances émotionnelles. La guérison par Tiphereth implique la recherche de l'équilibre intérieur, en apportant l'harmonie aux émotions, au corps et à l'esprit.

Netzach (Éternité) et Hod (Splendeur) – Netzach et Hod sont responsables des actions et des réactions, représentant respectivement la persévérance et l'humilité. Netzach est la force qui nous pousse à avancer, tandis que Hod nous enseigne la soumission et l'acceptation. Les déséquilibres dans Netzach peuvent conduire à l'entêtement ou à un excès d'ego, tandis que les déséquilibres dans Hod peuvent se manifester par un manque de confiance en soi ou de la passivité. La guérison ici implique de trouver l'équilibre entre la confiance en soi et l'humilité, permettant aux actions d'être guidées par un but spirituel, et non par des impulsions égoïstes.

Yessod (Fondement) – Yessod est la Sephirah qui relie le monde spirituel au monde physique, étant responsable de la communication et de l'intégration des énergies spirituelles dans notre réalité quotidienne. Les déséquilibres dans Yessod peuvent se manifester par des problèmes relationnels, des blocages émotionnels ou une instabilité psychologique. La guérison par Yessod implique la restauration du flux d'énergie entre l'esprit et le corps, facilitant la guérison émotionnelle et le renforcement des relations.

Malkhuth (Royaume) – Malkhuth est la Sephirah qui représente le monde physique et notre capacité à manifester l'énergie divine dans la réalité matérielle. Les déséquilibres dans Malkhuth peuvent entraîner des maladies physiques, un manque d'énergie vitale ou une incapacité à réaliser les desseins spirituels dans la vie pratique. La guérison ici implique l'enracinement des énergies spirituelles dans la vie quotidienne, permettant au corps et à l'esprit d'être alignés avec la volonté divine.

La guérison cabalistique implique de travailler avec les énergies de ces Sephiroth, à la fois individuellement et ensemble, pour rétablir le flux d'énergie et apporter l'équilibre au système spirituel. La Kabbale offre diverses techniques et pratiques pour faciliter ce processus de guérison, notamment la méditation sur les Sephiroth, la visualisation spirituelle et l'utilisation de prières et d'invocations spécifiques qui attirent les énergies curatives des Sephiroth.

Une pratique courante de guérison cabalistique est la méditation sur l'Arbre de Vie. Dans cette méditation, le pratiquant visualise chaque Sephirah comme une sphère de lumière brillante, connectée aux autres Sephiroth par des canaux d'énergie. Le but de la méditation est de visualiser le flux ininterrompu d'énergie passant d'une Sephirah à l'autre, corrigeant tout blocage ou déséquilibre. Par exemple, si une personne est confrontée à des problèmes de santé physique, elle peut se concentrer sur la Sephirah de Tiphereth, la source d'équilibre et d'harmonie, et la visualiser rayonnant de lumière curative vers le corps.

Une autre méthode de guérison implique l'utilisation de mantras et de prières spécifiques, qui sont basées sur les Noms Divins associés à chaque Sephirah. Ces Noms sont considérés comme des portails d'énergie qui permettent au pratiquant d'accéder à la force spirituelle de la Sephirah correspondante. Réciter ces Noms avec une intention concentrée aide à débloquer les énergies spirituelles nécessaires à la guérison et à la restauration de l'équilibre. Par exemple, le Nom Divin associé à Chesed est El (לא), et réciter ce Nom en méditation peut aider à augmenter l'énergie de bonté et de guérison expansive.

De plus, la Kabbale enseigne que la guérison n'est pas seulement un processus individuel, mais qu'elle peut aussi être atteinte par le service aux autres. En pratiquant des actes de bonté et de compassion, une personne active l'énergie de Chesed, ce qui apporte la guérison non seulement à elle-même, mais aussi au monde qui l'entoure. L'idée de Tikoun Olam (réparation du monde) s'applique également à la guérison cabalistique, car en nous guérissant nous-mêmes, nous contribuons à la guérison globale, rétablissant l'harmonie dans le monde physique et spirituel.

La guérison cabalistique exige une approche intégrée, impliquant la méditation, la visualisation, la prière et l'action consciente. Chaque pratique est alignée avec les énergies des Sephiroth, facilitant le flux de ces forces curatives dans la vie du pratiquant. La Kabbale nous enseigne qu'il ne suffit pas de comprendre la structure spirituelle de l'Arbre de Vie ; il est nécessaire d'incorporer ces énergies de manière active et consciente dans notre vie quotidienne pour parvenir à une guérison durable et significative.

Méditation sur les Sephiroth pour la Guérison

L'une des façons les plus directes d'accéder aux énergies curatives des Sephiroth est la méditation. Voici un exercice simple mais puissant, qui peut être pratiqué régulièrement pour rétablir l'équilibre énergétique et favoriser la guérison intérieure :

Exercice de Méditation sur l'Arbre de Vie :

Asseyez-vous dans un endroit calme, le dos droit et les yeux fermés.

Respirez profondément quelques fois pour calmer l'esprit et le corps.

Commencez à visualiser l'Arbre de Vie devant vous, avec ses dix Sephiroth brillant comme des sphères de lumière.

Concentrez-vous sur chaque Sephirah, en commençant par Keter (au sommet de la tête) et en descendant jusqu'à Malkhuth (à la base de la colonne vertébrale).

Pour chaque Sephirah, visualisez une lumière brillante et ressentez la qualité énergétique associée. Par exemple :

Dans Keter, ressentez la connexion avec la volonté divine et le but de votre âme.

Dans Tiphereth, ressentez l'énergie d'harmonie et d'équilibre restaurant la santé physique et émotionnelle.

Dans Yessod, visualisez la lumière coulant vers votre corps physique, intégrant l'énergie spirituelle et guérissant les blocages.

Au fur et à mesure que la lumière traverse chaque Sephirah, imaginez que les zones du corps liées à ces émanations sont guéries et revitalisées.

Restez dans cet état de connexion pendant quelques minutes, absorbant l'énergie curative et la laissant circuler dans tout le corps.

Terminez la méditation en remerciant la source divine pour la guérison reçue et sentez-vous renouvelé.

Cette méditation peut être pratiquée quotidiennement, ou chaque fois que le pratiquant sent qu'il y a un déséquilibre énergétique ou un problème de santé qui doit être traité. La visualisation de l'Arbre de Vie aide à connecter l'âme au flux naturel des énergies divines, permettant à l'équilibre entre les Sephiroth d'être restauré.

Guérison par les Noms Divins

Les Noms Divins sont considérés dans la Kabbale comme des portails qui canalisent des énergies spécifiques du monde spirituel. Chaque Sephirah a un Nom de Dieu associé, et ces Noms peuvent être invoqués dans des prières ou des méditations pour apporter guérison et harmonie.

Voici quelques exemples de Noms Divins liés aux Sephiroth, et comment les utiliser pour la guérison :

Chesed (Bonté) : Le Nom Divin associé à Chesed est El (לא). Ce Nom est invoqué pour augmenter l'énergie d'amour et de guérison expansive.

Pratique : En méditant ou en priant, visualisez la lumière blanche brillante de Chesed et récitez le Nom "El" à plusieurs reprises, en sentant que la bonté et la guérison s'étendent à tout le corps et à l'âme. Ceci est particulièrement efficace pour ceux qui souffrent d'un manque d'énergie émotionnelle ou qui sont aux prises avec des sentiments de fermeture ou d'isolement.

Guebourah (Force) : Le Nom Divin de Guebourah est Elohim (םיהולא), qui représente la justice et l'équilibre. Invoquer ce Nom peut aider à restaurer la force intérieure et la clarté émotionnelle.

Pratique : Récitez "Elohim" en visualisant une lumière rouge autour de votre corps, vous protégeant et renforçant votre capacité à discerner et à établir des limites saines. Cela peut être particulièrement utile pour ceux qui sentent qu'ils sont confrontés à des défis émotionnels, tels que la peur ou l'anxiété, ou lorsqu'il est nécessaire de rétablir la maîtrise de soi.

Tiphereth (Beauté et Harmonie) : Le Nom Divin de Tiphereth est YHVH Eloah Va'Da'at (תעדו הולא הוהי). Ce Nom est utilisé pour harmoniser le corps et l'esprit, restaurant l'équilibre entre la miséricorde et le jugement.

Pratique : Récitez le Nom en visualisant une lumière dorée rayonnant du centre de la poitrine (où Tiphereth est situé) et s'étendant à tout le corps. Cet exercice est idéal pour ceux qui ont besoin de guérison physique ou émotionnelle, apportant équilibre et paix intérieure.

Visualisations Spécifiques pour la Guérison

La visualisation est une pratique puissante dans la guérison cabalistique. En visualisant les Sephiroth ou les flux d'énergie spirituelle, le praticien crée un canal de guérison entre le monde divin et le monde physique. Voici quelques visualisations pratiques qui peuvent être utilisées pour différents types de guérison :

Guérison Physique : Visualisez la Sephirah de Tiphereth au centre de votre corps, comme une sphère dorée de lumière. Sentez cette lumière rayonner vers toutes les parties du corps qui ont besoin de guérison. Imaginez cette lumière dissolvant les blocages énergétiques et restaurant la santé et l'équilibre physique. Au fur et à mesure que la lumière s'étend, elle guérit les cellules, les tissus et les organes, revitalisant tout le corps avec l'énergie vitale.

Guérison Émotionnelle : Lorsque vous faites face à un déséquilibre émotionnel, tel que l'anxiété, la tristesse ou la colère, visualisez la Sephirah de Chesed sur le côté droit de votre corps, rayonnant une douce lumière blanche. Cette lumière de bonté et de compassion coule vers le cœur, apaisant les émotions perturbées et apportant un sentiment de paix et d'acceptation. En même temps, visualisez la lumière de Guebourah sur le côté gauche, apportant la force nécessaire pour rétablir la maîtrise de soi et la clarté émotionnelle.

Guérison Spirituelle : Pour restaurer la connexion avec le dessein divin ou guérir une crise spirituelle, visualisez la Sephirah de Keter au sommet de la tête, brillant comme une couronne de lumière. Imaginez cette lumière divine coulant vers le bas, remplissant le corps d'une énergie blanche pure, vous connectant directement à l'Ein Sof (l'Infini). Cette pratique aide à restaurer le sens du but et la clarté spirituelle, tout en renforçant la connexion avec le divin.

Guérison par les Mitzvot et le Tikoun Olam

En plus des pratiques de méditation et de visualisation, la guérison cabalistique se manifeste également par l'action consciente. La pratique des Mitzvot (les commandements) est considérée comme un canal direct de guérison, car chaque action positive apporte une quantité significative de lumière spirituelle au monde.

Par exemple :

La Tzedakah (charité) est l'une des Mitzvot les plus puissantes pour la guérison. En pratiquant des actes de charité avec une intention pure, le pratiquant active la Sephirah de Chesed, apportant une guérison expansive à la fois à lui-même et au receveur. La Tzedakah est particulièrement efficace pour soulager les souffrances émotionnelles et restaurer la paix intérieure.

Shalom Bayit (paix dans le foyer) est une pratique qui favorise l'harmonie dans les relations familiales et a un impact direct sur la santé émotionnelle et mentale. Maintenir la paix dans le foyer active les énergies de Tiphereth et de Yessod, restaurant l'équilibre entre les relations personnelles et la stabilité émotionnelle.

Chaque Mitzvah, lorsqu'elle est accomplie avec Kavanah (intention), non seulement aligne l'individu avec la volonté divine, mais sert également de canal de guérison spirituelle, physique et émotionnelle.

Techouva (Repentir) et Guérison

La Techouva est un autre aspect crucial de la guérison cabalistique. Le repentir sincère pour les erreurs commises et l'engagement à corriger ces erreurs sont considérés comme des moyens puissants de nettoyer les blocages spirituels et d'apporter un renouveau. Dans la Kabbale, le péché est considéré comme une interruption du flux des énergies divines, et la Techouva rétablit ce flux.

Pratique de la Techouva pour la Guérison : Prenez le temps de réfléchir aux actions ou aux comportements qui ont pu créer des blocages spirituels. Reconnaissez ces erreurs, demandez pardon et engagez-vous à changer. Visualisez la lumière blanche de Binah (Intelligence) coulant à travers vous, purifiant votre esprit et ouvrant les canaux pour que l'énergie divine circule librement. Cette pratique apporte une guérison émotionnelle et spirituelle, restaurant l'intégrité de l'âme.

La guérison cabalistique est un processus profond qui implique la restauration de l'équilibre entre les Sephiroth et l'alignement du corps, de l'esprit et de l'âme avec la volonté divine. Grâce à des pratiques telles que la méditation, la visualisation, l'invocation des Noms Divins, les Mitzvot et la Techouva, le pratiquant peut accéder aux énergies curatives des Sephiroth et les amener dans sa vie quotidienne.

Chapitre 13
Kabbale et Psychologie
L'Intégration de l'Ego

L'intégration de l'ego est un thème central dans la Kabbale et, en même temps, un sujet essentiel dans la psychologie moderne. La Kabbale nous enseigne que l'ego, ou le Yetzer Hara (penchant au mal), n'est pas simplement une force négative à éradiquer, mais plutôt un aspect vital de l'âme humaine qui doit être compris et intégré de manière équilibrée. Dans la tradition kabbalistique, l'ego peut être un outil puissant lorsqu'il est aligné avec la volonté divine, et son rôle est fondamental dans notre voyage spirituel de Tikoun (correction).

Cependant, l'ego peut aussi être un obstacle significatif à la croissance spirituelle, surtout lorsqu'il se manifeste de manière incontrôlée, conduisant à un orgueil excessif, à l'autosuffisance ou à la séparation des autres. Ainsi, la Kabbale et la psychologie moderne partagent la compréhension que l'ego ne doit pas être éliminé, mais intégré et équilibré avec le but spirituel plus élevé de l'âme.

L'Arbre de Vie, avec ses Sefirot, sert de carte psychologique et spirituelle qui décrit le processus d'intégration de l'ego. Chaque Sefirah peut être vue comme un aspect du moi intérieur qui, lorsqu'il est équilibré, permet à l'ego de jouer son rôle constructif dans la totalité de l'âme.

L'Ego dans la Kabbale et sa Fonction

Dans la Kabbale, l'ego est intimement lié à la Sefirah de Malkhout, qui représente le Royaume, c'est-à-dire le monde physique et la manière dont nous manifestons notre individualité dans le monde matériel. Malkhout est la Sefirah la plus basse de l'Arbre de Vie, et son rôle est de recevoir les énergies des autres Sefirot et de les manifester dans le monde physique. Ainsi, l'ego joue une fonction similaire : il est responsable de notre identité terrestre, de notre capacité à agir dans le monde physique et à réaliser le potentiel spirituel.

Cependant, Malkhout, lorsqu'elle est déconnectée des autres Sefirot, peut devenir égocentrique et isolée. L'ego, agissant de manière isolée, peut causer l'éloignement du but spirituel et divin. D'un autre côté, lorsque Malkhout est connectée aux sphères supérieures, particulièrement à Tiphereth (l'harmonie centrale de l'Arbre), l'ego s'aligne avec la volonté supérieure, servant de canal pour la manifestation des énergies spirituelles dans le monde matériel.

Par conséquent, l'ego, dans la Kabbale, est à la fois un défi et un outil essentiel. La clé réside dans son intégration à notre but spirituel, de sorte qu'il serve de moyen d'exprimer notre véritable essence et de contribuer à l'élévation de l'âme et au Tikoun Olam (la correction du monde).

La Psychologie de l'Ego : Le Rôle du Yetzer Hara et du Yetzer Hatov

La Kabbale enseigne que l'être humain possède deux inclinations : le Yetzer Hara (penchant au mal) et le Yetzer Hatov (penchant au bien). Ces deux aspects sont les forces qui nous poussent à prendre des décisions et à agir dans le monde. Le Yetzer Hara est souvent associé à l'ego, car il est responsable de nos désirs matériels, de nos instincts de survie et d'auto-préservation. Le Yetzer Hatov, quant à lui, est lié à notre côté altruiste, tourné vers le bien commun et la connexion avec la divinité.

La psychologie moderne, en particulier dans le domaine de la psychanalyse, fait écho à cette dualité à travers les concepts de ça et de surmoi, où le ça représente les pulsions primitives et le surmoi les normes et idéaux moraux. Entre ces deux forces se trouve l'ego, qui tente d'équilibrer les désirs instinctifs avec les valeurs et les attentes sociales. De même, dans la Kabbale, l'ego (ou le soi individuel) doit équilibrer les forces du Yetzer Hara et du Yetzer Hatov, trouvant un chemin d'harmonie entre nos désirs égoïstes et notre responsabilité spirituelle.

Intégration de l'Ego et l'Arbre de Vie

L'Arbre de Vie est un outil puissant pour comprendre comment l'ego peut être intégré et aligné avec le but spirituel. Chaque Sefirah offre un chemin pour raffiner et équilibrer l'ego, lui permettant de servir le développement de l'âme au lieu de bloquer ce processus.

Keter (Couronne) – Représente le niveau le plus élevé de l'âme, le point de connexion avec le divin. Dans l'intégration de l'ego, Keter nous enseigne à cultiver l'humilité, reconnaissant que notre individualité n'est qu'une expression de la volonté divine. Lorsque l'ego est équilibré avec Keter, il devient un véhicule pour la manifestation de la lumière divine dans le monde, au lieu de rechercher la gloire personnelle.

Hokhmah (Sagesse) et Binah (Intelligence) – Ces deux Sefirot offrent une compréhension plus profonde de la nature de l'ego et de la manière de l'intégrer. Hokhmah nous connecte à l'intuition spirituelle et à la sagesse supérieure, tandis que Binah nous donne la capacité de réfléchir et de comprendre nos pulsions égoïstes. Grâce à ces deux Sefirot, nous apprenons à discerner quand l'ego agit de manière constructive ou destructive.

Hessed (Bonté) et Guevourah (Force) – L'ego se manifeste souvent à travers des comportements expansifs ou restrictifs. Hessed nous enseigne à cultiver l'altruisme et la générosité, tandis que Guevourah nous enseigne à pratiquer la discipline et la maîtrise de soi. L'ego équilibré entre ces deux forces s'exprime avec bonté sans indulgence et avec discipline sans sévérité excessive.

Tiphereth (Beauté) – Tiphereth est la Sefirah centrale qui apporte l'harmonie à l'ego. Lorsque l'ego est aligné avec Tiphereth, il est capable d'exprimer son individualité d'une manière qui contribue au bien-être de l'ensemble. Tiphereth nous enseigne à équilibrer nos besoins personnels avec le service aux autres, reflétant la beauté de l'âme à travers l'équilibre entre les Sefirot.

Netzach (Éternité) et Hod (Splendeur) – Ces deux Sefirot traitent des actions et des réactions de l'ego dans le monde. Netzach représente la persévérance et la détermination, tandis que Hod reflète l'humilité et l'acceptation. L'ego sain sait quand agir avec confiance et quand céder avec humilité, trouvant l'équilibre entre le leadership et la soumission.

Yessod (Fondement) – Yessod est responsable de l'intégration des énergies spirituelles dans le monde physique. Lorsque l'ego est aligné avec Yessod, il permet à la lumière spirituelle de circuler à travers nous de manière équilibrée et constructive. Yessod nous aide à maintenir une connexion saine entre le corps, l'esprit et l'âme, facilitant l'expression du but divin dans le monde matériel.

Malkhout (Royaume) – Enfin, Malkhout est l'endroit où l'ego se manifeste pleinement dans le monde physique. Un ego aligné avec Malkhout est capable de réaliser son potentiel spirituel de manière pratique, sans se perdre dans l'arrogance ou l'égoïsme. Malkhout nous enseigne à manifester notre individualité d'une manière qui bénéficie à la fois à nous-mêmes et au monde qui nous entoure.

Techniques pour Intégrer l'Ego

La Kabbale offre diverses pratiques pour aider à intégrer l'ego de manière constructive. Certaines de ces techniques sont :

Méditation sur les Sefirot : La méditation sur l'Arbre de Vie permet au pratiquant de visualiser et d'intégrer les différentes qualités des Sefirot, équilibrant l'ego avec les énergies divines. En méditant sur Tiphereth, par exemple, le pratiquant peut cultiver l'équilibre intérieur, harmonisant l'ego avec le bien-être spirituel et émotionnel.

Réflexion quotidienne et auto-évaluation : La pratique de Hitbonenout (réflexion profonde) est essentielle pour observer comment l'ego influence nos actions. En réservant un moment de la journée pour réfléchir sur les comportements égocentriques ou altruistes, nous pouvons corriger les schémas négatifs et raffiner l'ego de manière constructive.

Pratique des Mitzvot (commandements) : Les Mitzvot sont des canaux de lumière divine qui aident à aligner l'ego avec le but spirituel. Accomplir les Mitzvot avec une intention consciente est une manière de discipliner l'ego, l'empêchant de dominer nos actions et nos pensées. La pratique de la Tsedaka (charité) est particulièrement puissante, car elle enseigne à l'ego à renoncer à la possessivité et à cultiver la générosité.

Teshouva (repentir) : La pratique de la Teshouva nous aide à reconnaître quand l'ego est hors de contrôle et à corriger nos erreurs. La Teshouva implique de reconnaître les fautes, de chercher à réparer et de changer de comportement. Cela permet à l'ego de s'aligner à nouveau avec le but divin, renforçant le processus de Tikoun (correction).

L'intégration de l'ego est l'un des défis les plus importants du voyage spirituel dans la Kabbale. Lorsque l'ego est équilibré et aligné avec le but supérieur de l'âme, il devient un outil de transformation et de croissance spirituelle. L'Arbre de Vie offre une carte détaillée pour cette intégration, et les pratiques kabbalistiques fournissent les moyens d'atteindre un équilibre harmonieux entre le moi intérieur et le monde spirituel.

La Kabbale, dans sa profondeur, offre des outils mystiques et spirituels qui, lorsqu'ils sont compris et appliqués, peuvent transformer la manière dont nous nous relions à l'ego. Tout comme dans la psychologie moderne, où les méthodes d'auto-évaluation et d'auto-réflexion sont essentielles à la connaissance de soi, la Kabbale nous encourage à utiliser des pratiques méditatives et réflexives pour atteindre cet état d'équilibre interne.

Pratiques d'Intégration de l'Ego avec l'Arbre de Vie

La méditation sur les Sefirot est l'une des pratiques les plus puissantes pour l'intégration de l'ego. Chaque Sefirah représente une qualité divine qui doit être équilibrée dans la vie du pratiquant. Par la méditation, l'individu peut harmoniser ces forces internes et apprendre à modérer l'ego, l'alignant avec les principes spirituels les plus élevés.

Méditation sur les Sefirot

Keter (Couronne): Méditer sur Keter, c'est méditer sur l'idée d'humilité maximale. L'ego doit être reconnu comme une partie du tout, et non comme le centre de tout. Le pratiquant se concentre sur sa connexion avec l'infini, se souvenant que l'ego est un véhicule pour manifester le divin et non le but ultime. Cette méditation peut impliquer la répétition d'un mantra qui fait référence à l'unité divine, comme "Ein Sof" (l'Infini).

Hokhmah (Sagesse) et Binah (Intelligence): Ces Sefirot travaillent ensemble, représentant l'intuition spirituelle et l'analyse intellectuelle. Pendant la méditation, le pratiquant réfléchit à la façon dont l'ego répond à ces qualités. L'ego se perd-il dans sa propre sagesse ou cherche-t-il à comprendre le divin avec humilité? La méditation sur Hokhmah et Binah invite le pratiquant à discerner entre les intuitions qui proviennent de l'ego et celles qui proviennent de l'âme supérieure.

Hessed (Bonté) et Guevourah (Discipline): L'équilibre entre l'amour altruiste (Hessed) et l'autodiscipline (Guevourah) est crucial pour l'intégration de l'ego. Méditer sur Hessed implique de cultiver une attitude de générosité et de bonté, en percevant comment l'ego peut servir les autres. D'un autre côté, méditer sur Guevourah permet au pratiquant d'imposer des limites saines à l'ego, prévenant les excès et les comportements destructeurs. Visualiser ces deux forces s'équilibrant dans l'âme est une pratique fondamentale pour harmoniser l'ego avec l'esprit.

Tiphereth (Beauté): Tiphereth, le centre de l'Arbre de Vie, représente l'harmonie. En méditant sur Tiphereth, le pratiquant cherche à équilibrer tous les aspects de l'âme, en particulier l'ego, avec le but spirituel. La méditation ici peut impliquer des visualisations de lumière, symbolisant la beauté intérieure et l'harmonie de l'être qui reflète le divin. L'ego doit trouver sa place dans cette beauté, non pas en dominant, mais en servant l'équilibre.

Netzach (Persévérance) et Hod (Humilité): Ces Sefirot sont complémentaires. La méditation sur Netzach invite le pratiquant à réfléchir sur sa détermination et sur la façon dont l'ego gère le succès et la résistance. La méditation sur Hod, en revanche, cultive l'humilité et l'acceptation. L'ego équilibré sait quand insister et quand céder, quand prendre les devants et quand se retirer. Visualiser ces deux piliers travaillant ensemble est un exercice essentiel pour modérer l'ego.

Yessod (Fondement): Méditer sur Yessod, c'est méditer sur l'expression saine de l'ego dans le monde physique. L'ego, lorsqu'il est équilibré, devient un canal pour l'énergie divine. Dans cette pratique, le pratiquant visualise Yessod comme un filtre qui purifie et équilibre l'ego, lui permettant de manifester le but spirituel de manière constructive.

Malkhout (Royaume): Malkhout est la manifestation finale, où l'ego s'exprime pleinement dans le monde. Méditer sur Malkhout implique de réfléchir à la façon dont l'ego agit dans les interactions quotidiennes, en particulier en ce qui concerne le pouvoir et le contrôle. Visualiser Malkhout comme un royaume qui sert le bien commun, plutôt que les caprices de l'ego, est une pratique transformatrice.

Auto-évaluation et Réflexion Profonde

La pratique de Hitbonenut (auto-réflexion) est un autre outil puissant que la Kabbale nous offre. Au cours de ce processus, le pratiquant observe ses pensées, ses actions et ses motivations quotidiennes, essayant d'identifier quand l'ego agit de manière déséquilibrée. Grâce à l'auto-évaluation, il est possible de détecter des schémas de comportement qui indiquent un ego gonflé, égocentrique ou, au contraire, un ego affaibli et peu sûr de lui.

La Kabbale enseigne que l'ego sain est celui qui a conscience de ses limites et de sa fonction spirituelle. Il ne doit pas être supprimé, mais plutôt raffiné. Pendant l'exercice de Hitbonenut, il est utile de se poser des questions telles que :

"Est-ce que j'agis par orgueil ou par amour du bien commun ?"

"Mon attitude d'aujourd'hui reflète-t-elle l'équilibre entre Hessed et Guevourah ?"

"Est-ce que je permets à mon ego de servir le but divin ?"

Ces réflexions quotidiennes créent une conscience de soi qui aide à modérer et à transformer l'ego avec le temps.

Teshouva et le Cycle de Croissance

La Teshouva (repentir ou retour) est un processus essentiel pour l'intégration de l'ego. Dans la Kabbale, la Teshouva est considérée comme une opportunité non seulement de corriger les erreurs, mais aussi de transformer l'ego en une force positive. En reconnaissant les erreurs et en corrigeant les comportements égocentriques, le pratiquant commence à se reconnecter avec l'essence divine. Le repentir sincère purifie l'ego, lui permettant de s'aligner plus pleinement avec le but spirituel de l'âme.

La pratique de la Teshouva implique la reconnaissance, la réparation et le changement. Premièrement, le pratiquant reconnaît où l'ego a manqué de servir le bien commun. Ensuite, il cherche à réparer les dommages causés, qu'ils soient émotionnels, spirituels ou physiques. Le processus de Teshouva se termine par la transformation du comportement, alignant l'ego sur les lois divines et le Tikoun (correction du monde).

Exercices Pratiques d'Auto-équilibre

Pour faciliter l'intégration de l'ego, quelques pratiques simples peuvent être intégrées au quotidien :

Pratique de la Tsedaka (Charité): Donner la charité régulièrement, sans chercher de reconnaissance, est un moyen pratique de raffiner l'ego. La Tsedaka aide le pratiquant à se détacher de l'égoïsme et à cultiver la générosité.

Mantras et Affirmations: Utiliser des mantras kabbalistiques ou des affirmations quotidiennes qui renforcent l'humilité et le service au divin peut aider à façonner la perspective de l'ego. Des phrases telles que "Je sers le but divin" ou "Ma vraie force vient de la lumière infinie" peuvent reprogrammer l'esprit pour un équilibre sain.

Journaling: Tenir un journal spirituel, dans lequel le pratiquant enregistre ses réflexions quotidiennes, identifiant les moments de déséquilibre de l'ego et les moyens de s'améliorer, est un excellent outil pour le développement personnel. Ce processus permet au pratiquant de suivre ses progrès dans l'intégration de l'ego.

La Kabbale et le Développement Psychologique

La psychologie moderne offre également des aperçus précieux pour l'intégration de l'ego. Des pratiques telles que la thérapie cognitivo-comportementale (TCC) et la pleine conscience trouvent des parallèles dans la Kabbale. Tout comme l'Hitbonenout aide à réfléchir sur le comportement de l'ego, la TCC aide le pratiquant à identifier les schémas de pensée destructeurs et à les remplacer par des schémas sains.

Le développement psychologique implique d'apprendre à coexister avec l'ego de manière équilibrée. Grâce aux pratiques kabbalistiques, il est possible d'atteindre une compréhension plus profonde de l'ego et de son rôle dans le voyage spirituel, résultant en un esprit plus intégré et une âme plus élevée.

L'intégration de l'ego, dans la vision de la Kabbale, est à la fois un processus spirituel et psychologique. En équilibrant les forces des Sefirot, en réfléchissant sur le comportement et en pratiquant la Teshouva, l'ego se transforme en un outil puissant pour la manifestation de la lumière divine dans le monde. Le pratiquant, en s'engageant dans ces processus, non seulement devient plus conscient de lui-même, mais contribue également au Tikoun Olam, aidant à réparer le monde qui l'entoure.

Chapitre 14
Le Chemin du Juste
Le Tzadik dans la Kabbale

Le concept de Tzadik, ou "le juste", occupe une place centrale dans la spiritualité kabbalistique. Dans la tradition juive, un Tzadik est considéré comme un individu qui a atteint un niveau élevé de rectitude, quelqu'un qui équilibre ses désirs personnels avec les besoins spirituels et agit constamment en accord avec les commandements divins. Le Tzadik, en plus d'être une référence morale, est aussi une figure spirituelle dont la présence et les actions aident à soutenir et à équilibrer le monde. Selon la Kabbale, un Tzadik agit comme un canal entre le divin et le monde matériel, influençant positivement l'équilibre cosmique.

La Kabbale nous enseigne que nous avons tous le potentiel de suivre le chemin du juste, en utilisant les outils spirituels et les pratiques kabbalistiques pour raffiner nos pensées, nos actions et nos intentions. Le chemin du Tzadik n'est pas réservé à quelques élus ; il s'agit d'un voyage accessible à quiconque recherche la droiture et l'harmonie spirituelle.

La Mission du Tzadik dans la Kabbale

Dans la Kabbale, le concept de Tikoun Olam (réparation du monde) est intimement lié au rôle du

Tzadik. Le Tzadik agit comme un agent de guérison et de réparation, aidant à instaurer l'harmonie entre les mondes spirituels et matériels. Sa mission n'est pas seulement sa propre élévation spirituelle, mais aussi de contribuer à l'équilibre et à la rectification du monde dans son ensemble.

Le Tzadik est considéré comme quelqu'un qui reflète la lumière divine dans le monde, vivant selon les enseignements des Sefirot et incarnant l'harmonie de l'Arbre de Vie dans sa vie quotidienne. Sa présence agit comme un pilier de stabilité dans le cosmos, aidant à maintenir l'équilibre entre les forces du chaos et de l'ordre. Dans la littérature kabbalistique, il y a une expression courante : "Le monde est soutenu par les justes". Cela signifie que la rectitude et les bonnes actions de personnes comme le Tzadik ont un impact profond et positif sur l'ordre cosmique.

Les Qualités d'un Tzadik

Le chemin du Tzadik est marqué par diverses qualités et vertus que la Kabbale valorise. Parmi elles, on trouve :

Humilité : Le Tzadik reconnaît que sa force et sa sagesse proviennent d'une source supérieure. Son humilité est l'une des qualités les plus importantes, car elle lui permet de servir de canal pur pour l'énergie divine. L'humilité, dans la Kabbale, est associée à la Sefirah de Keter, la couronne qui représente le principe suprême de l'abandon au divin.

Altruisme : Le Tzadik agit au bénéfice des autres. Il place les besoins de la communauté et du monde avant ses désirs personnels. Ceci est profondément lié à la Sefirah de Hessed (bonté), qui exprime la capacité de donner sans rien attendre en retour.

Discipline : Bien que le Tzadik soit compatissant et bon, il sait aussi quand exercer la retenue et la discipline. Cette qualité est liée à la Sefirah de Guevourah (force), qui équilibre Hessed. Un Tzadik sait quand imposer des limites et comment guider les autres avec fermeté, sans perdre son essence aimante.

Harmonie : Le Tzadik est capable de trouver l'équilibre entre les forces opposées de la vie. Il est l'exemple vivant de la Sefirah de Tiphereth (beauté), qui représente l'harmonie entre la bonté et la sévérité. Sa vie est un reflet de cette beauté spirituelle, qui se manifeste sous la forme d'une harmonie entre le corps, l'esprit et l'âme.

Persévérance : Le Tzadik fait preuve de persévérance dans son cheminement spirituel. Il sait que le chemin de la rectitude est semé d'embûches, mais il garde sa foi et son dévouement, surmontant les obstacles avec détermination. Cette qualité est alignée avec la Sefirah de Netzach (éternité), qui représente la capacité de continuer, quelles que soient les difficultés.

Humilité Réflexive : Liée à la Sefirah de Hod (splendeur), cette qualité reflète la capacité du Tzadik à être introspectif, cherchant toujours des moyens d'améliorer son service au divin. Il réfléchit constamment à ses actions, apprenant de ses erreurs et grandissant spirituellement.

Fondation : La Sefirah de Yessod (fondement) est liée à la capacité du Tzadik à être un canal pour le divin, en maintenant sa vie ancrée dans la spiritualité et dans ses connexions avec le monde. Le Tzadik est comme un pont entre le ciel et la terre, canalisant les énergies supérieures vers le monde matériel.

Royauté et Service : Enfin, le Tzadik agit dans le monde de Malkhout (royaume), la sphère où la spiritualité se manifeste pleinement dans le monde physique. Bien qu'il vive parmi les autres, il sert d'exemple de leadership spirituel et de service, guidant les autres vers la croissance spirituelle.

Le Tzadik comme Canal de Lumière

L'une des caractéristiques les plus marquantes d'un Tzadik est sa capacité à servir de canal de lumière. Dans la Kabbale, cela signifie qu'il s'ouvre aux énergies spirituelles divines et les reflète dans le monde physique, aidant à élever et à transformer ceux qui l'entourent. Cette capacité est particulièrement importante dans le contexte du Tikoun Olam, car le Tzadik est une force stabilisatrice, qui travaille à guérir le monde des ruptures spirituelles qui naissent de la déconnexion entre l'homme et le divin.

Le Tzadik ne voit pas de séparation entre le spirituel et le physique. Au lieu de cela, il reconnaît que le monde matériel n'est qu'une extension du spirituel, et ses actions visent à unir ces deux réalités. Il travaille constamment à purifier ses intentions et à les aligner avec le but divin, servant d'exemple aux autres et, souvent, les inspirant à suivre un chemin similaire.

Exemples de Tzadikim dans la Tradition Kabbalistique

Tout au long de l'histoire, de nombreux individus ont été reconnus comme des Tzadikim. Ils vont des grands maîtres spirituels aux gens ordinaires qui, par leurs actions justes et compatissantes, ont apporté lumière et guérison au monde.

Rabbi Shimon bar Yochai : Considéré comme l'auteur du Zohar, le texte central de la Kabbale, Rabbi Shimon est l'un des exemples les plus vénérés de Tzadik. Il a passé une grande partie de sa vie à enseigner les secrets ésotériques de la Torah et à aider ses élèves à atteindre des niveaux spirituels plus élevés.

Baal Shem Tov : Fondateur du mouvement hassidique, le Baal Shem Tov est un autre exemple de Tzadik qui a inspiré des millions de personnes avec ses enseignements sur la joie, la foi et le service à Dieu. Il croyait que même les personnes les plus humbles pouvaient atteindre de hauts niveaux de rectitude par une dévotion sincère.

Rabbi Yitzchak Luria (l'Ari) : Connu comme l'Ari, il est l'un des plus grands maîtres de la Kabbale. Ses enseignements sur la réparation du monde et le rôle du Tzadik comme force cosmique d'équilibre sont suivis jusqu'à aujourd'hui.

Ces Tzadikim n'étaient pas seulement des sages spirituels, mais aussi des leaders communautaires, connus pour leur bonté, leur compassion et leur disposition à aider les autres. Ils ont vécu leur vie au service des autres, démontrant que le chemin de la rectitude est accessible à tous.

L'Appel à Être un Tzadik

La Kabbale enseigne que chaque être humain a le potentiel de devenir un Tzadik. Cela ne signifie pas que tout le monde sera parfait, mais que chaque personne peut travailler constamment à raffiner son caractère, à aligner ses actions avec le divin et à servir le bien commun. Le processus pour devenir un Tzadik implique :

Une auto-évaluation constante : Réfléchir sur ses pensées et ses actions, cherchant toujours à s'améliorer.

Le développement des vertus : Pratiquer la bonté, l'humilité et la discipline.

L'alignement avec le divin : Chercher une connexion spirituelle profonde par la prière, la méditation et l'étude.

Le service aux autres : Placer les besoins de la communauté et du monde au-dessus des siens.

C'est un voyage qui exige dévouement et persévérance, mais la récompense est une vie de paix intérieure, de but et de connexion avec le divin.

Le chemin du Tzadik dans la Kabbale est un modèle puissant de vie spirituelle. Il nous enseigne que la vraie rectitude ne se trouve pas seulement dans les actions extérieures, mais dans un équilibre intérieur qui reflète les qualités divines de bonté, d'humilité, de discipline et de service. Nous sommes tous appelés à suivre ce chemin, en cherchant notre propre transformation et en contribuant à l'élévation du monde qui nous entoure.

La Pratique Spirituelle Quotidienne du Tzadik

Bien que le Tzadik soit une figure élevée, sa vie est marquée par des pratiques quotidiennes que toute personne peut adopter. La différence réside dans l'intention et le dévouement avec lesquels ces pratiques sont réalisées. Pour un Tzadik, chaque action, aussi simple soit-elle, est imprégnée de l'intention de servir le divin et le bien commun. L'accent n'est pas seulement mis sur les grandes œuvres, mais sur l'attention aux détails de la vie quotidienne, comme les interactions avec les autres, les prières et les pratiques de méditation.

1. La Prière comme Connexion Constante

La prière est l'un des principaux outils du Tzadik pour rester connecté au divin. Selon la Kabbale, la prière n'est pas seulement une récitation de mots, mais un acte de communication profonde avec Dieu. Le Tzadik voit la prière comme une opportunité de s'aligner avec les forces spirituelles et d'attirer des bénédictions sur le monde. Sa prière est faite avec humilité et une intention pure, reflétant son désir d'être un canal pour la lumière divine.

Un exemple est la pratique de la Kavana, l'intention consciente pendant la prière. Le Tzadik cherche à mettre tout son cœur et toute son âme dans chaque mot récité, transformant la prière en une expérience d'unité avec le divin. La Kavana permet au Tzadik de s'élever spirituellement et d'apporter guérison et harmonie au monde.

Pour les pratiquants qui aspirent à suivre le chemin du Tzadik, la prière quotidienne avec Kavana est un outil essentiel. La Kabbale suggère l'utilisation des Psaumes et d'autres textes sacrés comme moyen de se connecter aux énergies spirituelles supérieures, favorisant la paix et la rectitude pour soi-même et pour la communauté environnante.

2. Pratique de Hessed (Bonté et Altruisme)

Le Hessed (amour et bonté) est l'une des qualités fondamentales d'un Tzadik, et cette pratique va au-delà des gestes sporadiques de charité. Le Tzadik pratique le Hessed quotidiennement, cherchant des moyens d'aider les autres dans tous les aspects de sa vie, que ce soit en offrant un soutien émotionnel, matériel ou spirituel. Il voit chaque interaction comme une opportunité de répandre la bonté et d'élever ceux qui l'entourent.

Pour adopter cette pratique, il est nécessaire de développer une conscience des besoins des autres et d'avoir une approche active pour aider sans attendre de retour. Cela peut se faire par des actions simples, comme écouter quelqu'un attentivement, offrir des mots d'encouragement ou réaliser des actes de Tsedaka (charité), que ce soit par des dons matériels ou en offrant du temps et de l'énergie au service des autres.

La pratique du Hessed est considérée comme un pilier spirituel car, selon la Kabbale, la bonté active a le pouvoir d'ouvrir des portails spirituels et d'attirer des bénédictions. Lorsque l'individu agit avec un altruisme sincère, il reflète la lumière de la Sefirah de Hessed, canalisant l'énergie divine d'amour vers le monde physique.

3. Guevourah : La Discipline du Juste

Bien que la bonté soit essentielle, le Tzadik sait aussi l'équilibrer avec Guevourah, la force de la discipline et de la restriction. Cette Sefirah enseigne que la discipline est nécessaire pour maintenir l'harmonie. Le Tzadik applique Guevourah en modérant ses désirs, en gardant le contrôle de ses impulsions et en s'assurant que ses actions sont guidées par la sagesse et les besoins du moment, plutôt que par les caprices de l'ego.

La pratique de Guevourah implique d'établir des limites saines, tant pour soi-même que pour les autres, sans perdre la compassion. Pour ceux qui souhaitent suivre le chemin du Tzadik, l'auto-évaluation constante est fondamentale. Cela inclut de réfléchir aux intentions derrière chaque action et de maintenir une posture disciplinée qui équilibre la générosité avec le besoin de protéger sa propre énergie et ses ressources.

Une manière pratique d'appliquer Guevourah est de créer des moments quotidiens de silence et de réflexion, pendant lesquels le pratiquant revoit ses actions et ses motivations, s'assurant qu'elles sont en harmonie avec les principes spirituels. Le Tzadik fait cela constamment, purifiant ses intentions et s'assurant que sa discipline est au service du divin.

4. Tiphereth : L'Harmonie du Cœur

Tiphereth, qui représente la beauté et l'harmonie, est l'essence centrale du Tzadik. Tiphereth reflète l'équilibre parfait entre les forces de Hessed et de Guevourah, et le Tzadik exprime cette harmonie dans tous les domaines de sa vie. Il n'est ni excessivement indulgent ni trop rigide ; au lieu de cela, il cherche à intégrer les polarités pour créer une vie marquée par la beauté et la justice.

Le Tzadik pratique Tiphereth en vivant de manière à ce que ses actions et ses comportements reflètent la beauté divine. Cela signifie agir de manière équilibrée et juste, tant envers soi-même qu'envers les autres. Ceux qui aspirent à suivre le chemin du Tzadik peuvent cultiver Tiphereth en cherchant à vivre une vie d'intégrité et d'équilibre émotionnel, traitant les autres avec justice, mais aussi avec compassion.

La pratique de Tiphereth peut être développée par des méditations quotidiennes qui se concentrent sur l'harmonie intérieure. Visualiser l'Arbre de Vie et la centralité de Tiphereth aide le pratiquant à intégrer cette qualité, apportant un équilibre émotionnel et une clarté dans les décisions.

Discipline Spirituelle : Chemins vers la Rectitude

La discipline spirituelle est essentielle sur le chemin du Tzadik. La Kabbale nous enseigne que, pour vivre une vie de rectitude, il est nécessaire d'avoir de la maîtrise de soi, du dévouement et un fort sens du but spirituel. Le Tzadik n'agit pas seulement de manière juste, mais vit aussi dans un état constant de croissance et de raffinement spirituel.

1. Hitbodedout : Méditation d'Isolement

Une pratique puissante que le Tzadik adopte est l'Hitbodedout, une forme de méditation solitaire dans laquelle le pratiquant se retire pour être seul avec ses pensées et ses prières. Ce moment de connexion intérieure est une opportunité pour le Tzadik de réfléchir sur sa vie, ses actions et sa relation avec le divin. L'Hitbodedout permet au pratiquant de créer une relation intime avec Dieu, conversant ouvertement sur ses difficultés et exprimant sa gratitude.

Dans la pratique de l'Hitbodedout, le pratiquant peut méditer sur les Sefirot, réfléchissant sur la manière dont ces forces divines sont présentes dans sa vie et comment il peut mieux s'aligner avec elles. Cette méditation quotidienne est un point d'ancrage pour le Tzadik, l'aidant à maintenir sa perception spirituelle claire et son engagement envers le chemin de la justice.

2. Étude de la Torah et du Zohar

Le Tzadik se consacre à l'étude de la Torah, en particulier aux passages qui révèlent les mystères de la spiritualité, comme le Zohar. La Kabbale enseigne que l'étude de la Torah est une manière de se connecter directement avec la sagesse divine, et le Tzadik plonge profondément dans cette étude pour comprendre comment appliquer ces enseignements dans la vie pratique.

Ceux qui souhaitent suivre ce chemin peuvent intégrer l'étude de la Torah et de la Kabbale dans leurs routines quotidiennes, cherchant à apprendre non seulement les aspects ésotériques, mais aussi comment ces enseignements se manifestent dans la vie quotidienne. Le Zohar, par exemple, offre des aperçus profonds sur la nature de l'âme, les forces spirituelles qui façonnent l'univers et le rôle du Tzadik comme canal de lumière.

Devenir un Tzadik en Action

Le chemin du Tzadik n'est pas seulement théorique ; c'est une pratique continue qui se manifeste dans les actions de la vie quotidienne. Ceux qui aspirent à se rapprocher de cette rectitude doivent chercher à vivre selon les principes suivants :

Servir les autres : Le Tzadik place les besoins de la communauté en premier. S'engager dans des œuvres caritatives, offrir un soutien émotionnel ou une orientation spirituelle sont des moyens pratiques d'appliquer ce principe.

Raffinement spirituel constant : Le Tzadik cherche toujours des moyens de purifier ses pensées et ses actions, s'alignant avec la volonté divine.

Développer la Kavana : Chaque action est faite avec intention et concentration, de la prière aux actes quotidiens de bonté.

Le voyage pour devenir un Tzadik est l'une des expressions les plus profondes de la spiritualité kabbalistique. C'est un chemin d'auto-transformation, de service aux autres et de connexion avec le divin. Par des pratiques spirituelles quotidiennes, comme la prière avec Kavana, la méditation et l'étude de la Torah, toute personne peut commencer à suivre ce chemin de rectitude et d'élévation spirituelle. En vivant avec humilité, bonté et discipline, le pratiquant non seulement élève sa propre âme, mais contribue également à l'équilibre et à la guérison du monde.

Chapitre 15
La Sagesse Cachée des Psaumes

Les Psaumes occupent une place de choix dans la tradition kabbalistique. Ces poèmes et prières, composés pour la plupart par le roi David, sont considérés dans la Kabbale comme des portails permettant d'accéder à des dimensions spirituelles profondes. Par la récitation et la méditation sur les Psaumes, le pratiquant est capable de se connecter aux forces divines qui façonnent l'univers et influencent sa vie quotidienne. Dans la Kabbale, on croit que chaque mot, chaque phrase et chaque intonation des Psaumes contient une signification spirituelle cachée, capable de guérir, de protéger et d'élever l'âme.

Depuis les temps anciens, les Psaumes ont été utilisés à la fois comme source de réconfort spirituel et comme instrument de pouvoir mystique. Ils sont récités dans les moments d'angoisse, de danger, de gratitude, de louange et de célébration. Dans la vision kabbalistique, les Psaumes ne sont pas seulement des expressions de foi, mais des outils spirituels qui, lorsqu'ils sont utilisés correctement, ont le potentiel d'activer les énergies divines et de transformer les réalités.

Le Pouvoir Mystique des Psaumes

Les kabbalistes croient que les Psaumes possèdent un pouvoir caché, une énergie spirituelle qui peut être libérée lorsqu'ils sont récités avec la bonne intention. Dans la pratique kabbalistique, la Kavanah (intention spirituelle) est essentielle pour débloquer le pouvoir contenu dans les paroles des Psaumes. Cela signifie que la récitation mécanique ou inattentive n'aura pas le même effet qu'une récitation avec concentration et dévotion. Pour accéder à la sagesse mystique des Psaumes, il est essentiel de méditer profondément sur leur signification et de les prononcer avec cœur et âme.

Selon le Zohar, le livre central de la Kabbale, les Psaumes contiennent des clés pour accéder à différents niveaux de conscience et mondes spirituels. Ils ont été écrits dans un langage qui va au-delà de la compréhension littérale, utilisant des métaphores, des symboles et des images qui reflètent des vérités spirituelles plus profondes. Chaque Psaume peut être compris à plusieurs niveaux, du plus simple au plus ésotérique.

Les kabbalistes associent également les Psaumes à certaines Sephiroth de l'Arbre de Vie. Par exemple, les Psaumes qui parlent de miséricorde sont liés à la Sephirah de Chesed, tandis que ceux qui traitent de justice sont associés à Guevourah. En récitant un Psaume avec la Kavanah appropriée, le pratiquant peut canaliser les énergies de ces Sephiroth, les utilisant pour obtenir la guérison, la protection ou l'élévation spirituelle.

La Structure des Psaumes et Sa Signification Cachée

Les 150 Psaumes qui composent le Livre des Psaumes sont divisés en cinq livres plus petits, ce qui, selon les kabbalistes, correspond aux cinq livres de la Torah. Tout comme la Torah révèle les mystères de la création, de la révélation divine et du voyage spirituel de l'humanité, les Psaumes fonctionnent comme un pont qui relie le pratiquant à l'univers divin, lui permettant de naviguer entre les dimensions spirituelles et matérielles.

Chaque Psaume est considéré comme une vibration spirituelle, et le son de ses mots, lorsqu'ils sont récités correctement, crée des ondes d'énergie qui se répercutent dans le monde spirituel. C'est pourquoi les kabbalistes soulignent l'importance d'apprendre l'intonation et la prononciation correctes des mots hébreux des Psaumes, afin que l'énergie mystique qu'ils contiennent soit pleinement activée.

Certains Psaumes sont considérés comme particulièrement puissants dans la Kabbale. Par exemple :

Le Psaume 23 ("L'Éternel est mon berger, je ne manquerai de rien") est souvent récité pour invoquer la protection spirituelle et la confiance dans les circonstances difficiles.

Le Psaume 91 est connu pour sa capacité à protéger contre les forces négatives et les dangers invisibles.

Le Psaume 121 ("Je lève mes yeux vers les montagnes") est récité pour demander l'aide divine dans les moments de doute et d'incertitude.

L'Interprétation Kabbalistique des Psaumes

La Kabbale enseigne que les Psaumes ont été inspirés directement par Dieu, et que chaque mot contient des secrets cachés qui ne peuvent être compris que par l'étude approfondie et la méditation. De nombreux kabbalistes utilisent le système de la Guematria, qui attribue des valeurs numériques aux lettres hébraïques, pour révéler les connexions mystiques cachées dans les mots des Psaumes.

Par exemple, le Tétragramme (YHWH), le nom le plus sacré de Dieu, apparaît fréquemment dans les Psaumes. Lorsqu'il est récité avec la Kavanah appropriée, il invoque l'énergie créatrice et la force protectrice du divin. La combinaison de lettres, de sons et d'intentions crée un champ énergétique qui peut influencer directement la réalité physique et spirituelle du pratiquant.

De plus, les kabbalistes enseignent que les Psaumes peuvent être utilisés comme un moyen d'accéder aux mondes supérieurs. Chaque Psaume correspond à un niveau spécifique d'existence, et sa récitation ouvre des portails qui permettent au pratiquant de se connecter à ces dimensions. Ceci est particulièrement important dans les pratiques méditatives, où le pratiquant se concentre sur un Psaume spécifique pour voyager à travers les mondes de la Kabbale (Assiah, Yetzirah, Beriá et Atzilut) et obtenir des visions ou des conseils spirituels.

Psaumes et Protection Spirituelle

Dans la Kabbale, les Psaumes sont souvent utilisés comme amulettes spirituelles pour la protection contre les forces négatives, les maladies et même les ennemis. De nombreux kabbalistes portent sur eux des parchemins avec des Psaumes écrits, croyant que ces textes ont le pouvoir de repousser les influences négatives et d'attirer les bénédictions.

La tradition suggère que les Psaumes ne doivent pas être utilisés uniquement comme des mots magiques, mais plutôt avec l'intention claire de s'aligner sur la volonté divine et d'attirer la lumière et l'harmonie dans la vie du pratiquant. Par exemple, réciter le Psaume 91 face à des situations dangereuses est une pratique courante chez ceux qui suivent la Kabbale, car ce Psaume est connu pour son pouvoir de protection spirituelle.

Les Psaumes sont également utilisés dans les rituels de guérison spirituelle. Lorsqu'ils sont récités sur une personne malade, avec la Kavanah appropriée, les Psaumes peuvent attirer des forces curatives et accélérer le processus de récupération. Le pouvoir de guérison des Psaumes est renforcé par le fait qu'ils invoquent le nom de Dieu et canalisent les énergies des Sephiroth pour rétablir l'équilibre spirituel du corps.

La Pratique de la Méditation sur les Psaumes

En plus d'être récités, les Psaumes peuvent également être utilisés comme point de focalisation pour une méditation profonde. Dans la méditation kabbalistique, le pratiquant se concentre sur les mots et les lettres des Psaumes, permettant à leur signification ésotérique de se révéler à des niveaux de conscience plus profonds.

Une pratique courante consiste à choisir un Psaume spécifique lié à une question ou à un objectif spirituel et à le réciter à plusieurs reprises, permettant à l'esprit de se calmer et à la sagesse cachée du texte d'émerger. Au cours de cette méditation, le pratiquant peut visualiser les lettres hébraïques flottant devant ses yeux ou formant des motifs de lumière, se connectant aux énergies spirituelles associées à ces lettres.

Par exemple, en méditant sur le Psaume 23, le pratiquant peut visualiser le "berger divin" comme une lumière protectrice qui le guide à travers les difficultés et les obstacles, se sentant enveloppé par la présence réconfortante de Dieu. La pratique de la méditation sur les Psaumes permet à l'individu de s'aligner sur les énergies spirituelles que les textes invoquent, créant une connexion profonde entre le corps, l'esprit et l'âme.

Le Langage Mystique des Psaumes

Le langage des Psaumes est riche en images poétiques et en symboles mystiques qui révèlent des vérités spirituelles sur l'univers et la relation de l'être humain avec le divin. Les kabbalistes croient que chaque image, que ce soit le "berger" du Psaume 23 ou les "montagnes" du Psaume 121, est une représentation de forces spirituelles en action.

Par exemple, lorsque le roi David parle du "bâton et de la houlette" qui le consolent, il se réfère symboliquement aux forces de Chesed (bonté) et de Guevourah (discipline), qui ensemble apportent l'équilibre à l'âme. De même, la "coupe qui déborde" est une référence à l'abondance spirituelle qui coule lorsque le pratiquant s'aligne sur la volonté divine.

Les kabbalistes étudient les Psaumes en profondeur pour découvrir les couches symboliques contenues dans chaque verset. Avec la pratique, le lecteur commence à percevoir que les mots vont au-delà de leur signification littérale et servent de clés pour ouvrir des portails spirituels.

Les Psaumes, tels qu'enseignés dans la Kabbale, sont bien plus que de simples prières; ce sont des outils mystiques qui, lorsqu'ils sont utilisés avec la bonne intention, ont le pouvoir de transformer des vies, de guérir des blessures spirituelles et d'offrir une protection contre les forces négatives. En plongeant dans la sagesse cachée des Psaumes, le pratiquant commence à percer les mystères profonds de la spiritualité kabbalistique et à accéder à une dimension plus élevée de l'existence.

Dans la deuxième partie de cette étude sur les Psaumes, nous explorerons des pratiques kabbalistiques spécifiques qui permettent au pratiquant d'utiliser les Psaumes pour la guérison, la protection et l'élévation spirituelle, et comment les intégrer dans la vie quotidienne dans le cadre d'un chemin continu de transformation spirituelle.

La pratique kabbalistique avec les Psaumes va au-delà de la lecture et de la méditation. Dans la Kabbale, les Psaumes sont utilisés comme des instruments puissants de transformation spirituelle, qui permettent au pratiquant d'atteindre la guérison, la protection et l'élévation.

L'Utilisation Pratique des Psaumes pour la Guérison

Dans la tradition kabbalistique, les Psaumes ont été largement utilisés pour la guérison spirituelle et physique. Les anciens kabbalistes considéraient les paroles des Psaumes comme des véhicules d'énergie divine, capables de rétablir l'équilibre entre le corps et l'âme. La croyance est que la maladie n'est pas seulement une condition physique, mais aussi le reflet d'un déséquilibre spirituel, et, par conséquent, les Psaumes ont le pouvoir de guérir en réalignant les énergies spirituelles de la personne.

Choisir le Psaume Approprié pour la Guérison

Chaque Psaume a un but spécifique dans la tradition kabbalistique, et les Psaumes de guérison sont sélectionnés en fonction de la nature de l'affliction. Certains des plus utilisés incluent:

Psaume 6: Ce Psaume est récité pour demander la guérison dans les situations de maladies physiques graves. Il appelle à la compassion divine et à la restauration de la santé, reconnaissant la fragilité humaine face à l'adversité.

Psaume 30: Récité pour surmonter la tristesse et la dépression, ce Psaume est une prière pour que la lumière revienne après des périodes d'obscurité émotionnelle ou spirituelle.

Psaume 41: Utilisé pour demander la guérison physique et émotionnelle, en particulier dans les cas où la personne est confrontée à des problèmes de santé prolongés ou à des déséquilibres mentaux.

La pratique consiste à réciter le Psaume choisi avec une intention concentrée (Kavanah), en visualisant le corps et l'âme se remplissant de la lumière curative divine. La récitation peut être faite plusieurs fois par jour, jusqu'à ce que le pratiquant ressente un changement d'énergie ou un soulagement des symptômes.

Technique de Récitation pour la Guérison

La récitation lente et concentrée est essentielle pour libérer le pouvoir mystique des Psaumes. En chantant les mots, le pratiquant doit se concentrer sur les lettres hébraïques, en les visualisant comme des rayons de lumière qui pénètrent dans le corps, restaurant et guérissant. Les lettres hébraïques sont considérées comme des canaux d'énergie divine, et chaque son qu'elles produisent résonne dans le plan spirituel.

De plus, le pratiquant peut utiliser la visualisation des Sephiroth pendant la récitation. Par exemple, en récitant le Psaume 6, le pratiquant peut visualiser la lumière curative de Chesed circulant à travers son corps, apportant compassion et équilibre. Pour les situations qui impliquent force ou résistance, la lumière de Guevourah peut être visualisée comme une force protectrice et stabilisatrice.

La pratique doit être accompagnée de respirations profondes et conscientes, permettant au corps de se détendre et d'être réceptif à l'énergie spirituelle qui est invoquée. Lorsqu'elle est combinée à la récitation, cet état de calme permet aux énergies curatives de circuler librement, favorisant le rétablissement de la santé.

Protection Spirituelle avec les Psaumes

La Kabbale enseigne qu'en plus de favoriser la guérison, les Psaumes peuvent être utilisés pour la protection spirituelle contre les forces négatives et les influences malignes. Les kabbalistes croient que les paroles des Psaumes créent un bouclier énergétique autour du pratiquant, éloignant le mal et apportant la sécurité spirituelle.

Psaumes de Protection Contre les Forces Négatives

Les Psaumes sont souvent récités pour se protéger contre les dangers physiques, mais aussi contre les influences spirituelles néfastes. Certains des Psaumes les plus connus pour la protection incluent:

Psaume 91: Peut-être le plus célèbre des Psaumes de protection, ce texte est récité pour éloigner les dangers visibles et invisibles, y compris les ennemis physiques, les maladies et les attaques spirituelles. Il est considéré comme un véritable bouclier spirituel.

Psaume 121: Récité lorsque la personne est confrontée à des défis et à des incertitudes, ce Psaume demande la protection directe de Dieu, invoquant la garde constante du Créateur.

Psaume 27: Utilisé dans les moments de peur ou d'oppression, ce Psaume renforce la confiance dans le divin en tant que protecteur et garantit la victoire sur tout mal.

Ces Psaumes doivent être récités quotidiennement, en particulier dans les situations de vulnérabilité ou lorsque le pratiquant sent qu'il est influencé par des forces extérieures négatives. Dans la pratique kabbalistique, on croit que la récitation régulière de Psaumes de protection crée un champ d'énergie qui éloigne le mal et harmonise l'environnement.

Création d'Amulettes Spirituelles avec les Psaumes

Les kabbalistes enseignent également que les Psaumes peuvent être écrits sur des parchemins et portés comme amulettes de protection. Ces parchemins, connus sous le nom de Kameot, sont traditionnellement écrits à la main par un scribe qualifié et imprégnés d'intentions spirituelles pendant le processus d'écriture. Le pratiquant peut porter le Kamea avec lui pour une protection constante.

Bien que ce type d'amulette soit puissant, l'accent doit toujours être mis sur l'intention spirituelle. Les Psaumes ne doivent pas être considérés comme des mots magiques qui fonctionnent par eux-mêmes, mais comme des canaux d'énergie divine, activés par la foi et l'intention. En portant un Kamea, le pratiquant doit garder son esprit et son cœur en harmonie avec la lumière divine, se souvenant que la vraie protection vient de sa connexion spirituelle avec Dieu.

Élévation Spirituelle par les Psaumes

La récitation des Psaumes n'est pas seulement une pratique de guérison et de protection, mais aussi un outil pour élever l'âme. Dans la Kabbale, l'âme humaine est considérée comme une étincelle divine, qui cherche constamment à retourner à sa source spirituelle. Les Psaumes sont considérés comme des ponts spirituels qui permettent au pratiquant de s'élever à des niveaux de conscience plus élevés et de se connecter au divin.

Psaumes pour la Purification Spirituelle

De nombreux Psaumes sont utilisés pour purifier l'âme des énergies négatives et pour se libérer des émotions destructrices, telles que la colère, la peur et la tristesse. Certains des Psaumes les plus recommandés pour la purification incluent:

Psaume 51: Ce Psaume est une prière de repentir et de purification spirituelle, demandant à Dieu de nettoyer le cœur et l'âme de toutes les impuretés. Il est souvent récité dans les moments de repentir ou lorsque le pratiquant cherche la réconciliation spirituelle.

Psaume 32: Un Psaume qui favorise la guérison émotionnelle et l'élévation spirituelle, aidant à soulager le poids de la culpabilité et à ouvrir le cœur au pardon.

La pratique de la purification spirituelle implique la méditation profonde sur les paroles du Psaume, leur permettant de nettoyer les émotions et les énergies négatives qui peuvent bloquer le chemin spirituel. En récitant ces Psaumes, le pratiquant visualise la lumière divine purifiant son cœur et son esprit, libérant tout le poids qui entrave le progrès spirituel.

2. Psaumes pour l'Élévation et l'Union avec le Divin

À travers les Psaumes, les kabbalistes cherchent non seulement la protection et la guérison, mais aussi l'union mystique avec le Créateur. Certains Psaumes sont récités avec l'intention d'élever l'âme aux plus hauts niveaux de conscience, offrant une expérience directe de la présence de Dieu. Le Psaume 63, par exemple, est un chant d'aspiration à la proximité divine, exprimant le désir de l'âme d'être en union avec le Créateur.

En méditant sur ces Psaumes, le pratiquant peut atteindre des états élevés de contemplation mystique, où les frontières entre le monde physique et le monde spirituel se dissolvent. L'âme, à travers les paroles sacrées, est guidée vers son origine divine, se connectant aux énergies des Sephiroth et expérimentant la présence directe de Dieu.

Pratiques d'Intonation et de Chant des Psaumes

Dans la Kabbale, les Psaumes peuvent également être récités à travers le chant et l'intonation mélodique, une pratique qui augmente leur pouvoir spirituel. La tradition du chant des Psaumes remonte à l'époque du Temple de Jérusalem, où ils étaient chantés dans le cadre des rituels spirituels. Aujourd'hui, cette pratique se poursuit comme un moyen d'amplifier les vibrations spirituelles des Psaumes.

Le chant des Psaumes avec des mélodies spécifiques crée un effet profond à la fois sur le corps et sur l'âme. Les mélodies aident à harmoniser les émotions et créent un champ énergétique propice à la méditation et à l'élévation spirituelle. De nombreux kabbalistes croient que le son des paroles chantées atteint directement les sphères spirituelles, accélérant le processus de guérison, de protection ou d'ascension.

Le pratiquant peut créer sa propre mélodie intuitive en récitant les Psaumes ou utiliser des mélodies traditionnelles, qui ont été transmises de génération en génération. L'important est que l'intonation soit faite avec dévotion et intention claire, permettant aux paroles de résonner profondément en soi.

Intégration des Psaumes dans la Vie Quotidienne

Pour le pratiquant de la Kabbale, les Psaumes peuvent être intégrés dans la vie quotidienne dans le cadre d'une pratique spirituelle continue. La récitation quotidienne de Psaumes non seulement renforce la connexion avec le divin, mais apporte également harmonie et équilibre à la vie du pratiquant.

Il est recommandé de commencer la journée par la récitation d'un Psaume qui inspire gratitude et protection, comme le Psaume 100 ou le Psaume 121, et de terminer la journée par un Psaume de purification et de réflexion, comme le Psaume 4. De cette façon, les Psaumes peuvent être utilisés pour marquer des rythmes sacrés tout au long de la journée, apportant le sacré à chaque instant de la vie.

La pratique kabbalistique avec les Psaumes est riche et multiforme, offrant des outils pour la guérison, la protection et l'élévation spirituelle. En approfondissant cette pratique, le pratiquant découvre que les Psaumes ne sont pas seulement des textes anciens, mais des canaux vivants d'énergie spirituelle, capables de transformer profondément sa vie. Que ce soit par la récitation, la méditation ou le chant, les Psaumes continuent d'être un pont puissant entre le monde physique et le monde spirituel.

Chapitre 16
La Kabbale et le Cycle des Fêtes Juives

Les fêtes juives, plus que de simples célébrations religieuses, sont, dans la tradition kabbalistique, de puissants portails spirituels. Chacune de ces festivités est associée à des énergies spécifiques qui offrent au pratiquant l'opportunité d'atteindre l'élévation spirituelle, la purification et la transformation. Dans la Kabbale, le temps n'est pas perçu comme une ligne droite, mais comme un cycle dynamique, où certains moments de l'année permettent l'accès à des forces spirituelles uniques, liées aux énergies divines en constant flux.

Tout au long du cycle des fêtes juives, ces énergies permettent au pratiquant, lorsqu'il est conscient de leurs potentialités, d'utiliser chaque occasion pour travailler des aspects profonds de son âme et de sa connexion au divin.

Le Calendrier Juif et le Temps Cyclique dans la Kabbale

Le calendrier juif, ainsi que le cycle annuel des fêtes, est profondément lié aux enseignements kabbalistiques. Contrairement au calendrier grégorien, qui suit un modèle solaire, le calendrier juif est luni-solaire, ce qui signifie qu'il combine les cycles lunaires avec la correction du cycle solaire. Cet équilibre entre le soleil et la lune représente dans la Kabbale l'harmonie entre les forces masculines et féminines, qui se manifestent dans la nature et dans les âmes humaines.

Chaque fête juive est comme un point d'ancrage qui permet au pratiquant de se synchroniser avec l'énergie spirituelle de ce moment. En célébrant ces fêtes avec une pleine conscience de leur signification mystique, le pratiquant s'harmonise avec les flux d'énergie qui influencent à la fois l'univers et sa propre âme.

Rosh Hashanah : Le Nouvel An et le Jugement Divin

Rosh Hashanah, le Nouvel An juif, marque le début d'un nouveau cycle spirituel. Dans la Kabbale, c'est le moment où toute la création passe par un jugement divin. Dieu, en cette période, évalue chaque âme, chaque être, déterminant le destin de chacun pour l'année suivante. Cependant, ce jugement n'est pas seulement un décret immuable. Les kabbalistes enseignent que, par la réflexion spirituelle et le repentir sincère, il est possible d'influencer positivement les décrets qui seront inscrits dans le Livre de la Vie.

L'énergie de Rosh Hashanah est associée à la Sephirah de Malkhout, qui représente le règne divin sur le monde physique. Pendant cette période, le pratiquant est invité à reconnaître la souveraineté de Dieu, à réfléchir sur ses actes passés et à prendre un engagement spirituel pour le nouveau cycle qui commence.

La pratique kabbalistique en cette période implique la méditation sur les Noms Divins liés à la création et au jugement, en particulier le Tétragramme

(YHVH), et la récitation de prières qui ouvrent le cœur au processus du jugement divin. L'idée centrale est de s'aligner sur la volonté divine pour que l'année à venir soit remplie de croissance spirituelle et de réalisations.

Yom Kippour : Le Jour du Grand Pardon et la Purification de l'Âme

Dix jours après Rosh Hashanah arrive Yom Kippour, le Jour du Grand Pardon, le moment le plus sacré du calendrier juif. Yom Kippour est l'apogée du processus de repentir commencé à Rosh Hashanah. Dans la Kabbale, c'est le moment de la purification maximale de l'âme, où les barrières spirituelles entre l'être humain et Dieu sont levées. C'est une période où l'âme peut revenir à son état le plus pur, comme un vase propre prêt à recevoir la lumière divine.

L'énergie de Yom Kippour est fortement liée à la Sephirah de Guevourah, qui représente la rigueur et la discipline. Cependant, cette rigueur est utilisée de manière positive, comme une force de transformation et de rectification. Le jeûne et les restrictions observées ce jour-là ont pour but de purifier le corps et l'esprit, en éloignant les distractions matérielles afin que le pratiquant puisse se concentrer sur l'essence spirituelle.

Pendant Yom Kippour, les kabbalistes méditent profondément sur le Tikkoun (correction) des fautes spirituelles et émotionnelles. Des pratiques telles que la confession et la demande de pardon sont centrales, et elles doivent être accompagnées d'une intention sincère de ne pas répéter les erreurs du passé. À la fin de Yom Kippour, l'âme est prête à recevoir un nouvel afflux de lumière spirituelle, étant plus proche de son essence divine.

Souccot : La Fête des Cabanes et la Joie de la Connexion au Divin

Juste après Yom Kippour commence Souccot, la Fête des Cabanes. Cette fête célèbre la protection divine que les Israélites ont reçue pendant leur traversée du désert, en habitant dans des cabanes temporaires. Dans la Kabbale, Souccot est une célébration de la joie spirituelle, représentant un moment où l'âme peut se sentir complètement protégée par la présence divine.

La cabane temporaire, appelée Soucca, représente l'enveloppe matérielle fragile de l'existence humaine, tandis que la présence de Dieu symbolise la lumière spirituelle qui protège et soutient le pratiquant. Souccot est associé à la Sephirah de Hessed, l'émanation divine de la bonté, et, pendant cette période, l'accent est mis sur la reconnaissance et la célébration de l'abondance divine qui se déverse dans le monde.

Les pratiques kabbalistiques pendant Souccot incluent la méditation dans la Soucca comme symbole de protection spirituelle et l'élévation de la conscience au-delà des préoccupations matérielles. Un autre symbole important de Souccot est le Loulav et l'Etrog (une branche de palmier et un cédrat), qui représentent l'unification des différentes forces de la création. En agitant le Loulav et l'Etrog dans différentes directions, le pratiquant symbolise l'harmonisation des énergies divines dans tous les coins de l'univers.

Pessa'h : La Fête de la Libération et la Purification de l'Esclavage Spirituel

Pessa'h, la Pâque juive, commémore la libération des Israélites de l'esclavage en Égypte. Dans la Kabbale, Pessa'h n'est pas seulement une célébration de la liberté physique, mais une libération spirituelle. Chaque personne, à un certain niveau, est esclave de schémas négatifs, qu'ils soient émotionnels, psychologiques ou spirituels. Pessa'h offre au pratiquant l'opportunité de se libérer de ces entraves et de commencer un nouveau cycle de croissance et d'ascension.

Pessa'h est associé à la Sephirah de Tiphéreth, qui représente l'harmonie et la compassion. Pendant cette fête, l'accent est mis sur la purification de l'âme. Le 'Hametz (pain levé), qui est retiré de toutes les maisons pendant Pessa'h, symbolise l'ego gonflé et les tentations qui nous empêchent d'atteindre notre potentiel spirituel. En retirant le 'Hametz, le pratiquant se purifie symboliquement de ces influences négatives.

La nuit du Séder, le repas rituel qui marque le début de Pessa'h, est l'un des moments les plus chargés spirituellement de l'année. Chaque détail du Séder est rempli de symbolisme kabbalistique, des quatre coupes de vin qui représentent les quatre émanations divines, au récit de l'Exode, qui est une métaphore du voyage de l'âme vers la liberté spirituelle.

Chavouot : La Révélation et la Connexion avec la Sagesse Divine

Chavouot est la fête qui commémore le don de la Torah au Mont Sinaï. Dans la tradition kabbalistique, Chavouot représente le moment de la connexion directe avec la sagesse divine. C'est la période où l'âme peut s'ouvrir pour recevoir de nouveaux niveaux de compréhension spirituelle.

L'énergie de Chavouot est liée à la Sephirah de Binah, qui est l'émanation de la compréhension profonde. Pendant Chavouot, le pratiquant cherche à élargir sa conscience spirituelle, en méditant sur les enseignements divins et en les intégrant dans sa vie.

La pratique kabbalistique pendant Chavouot implique la méditation sur le don de la Torah et la réflexion sur la manière dont la sagesse spirituelle peut être utilisée pour transformer la vie quotidienne. De nombreux pratiquants passent la nuit de Chavouot à étudier les textes sacrés, dans un effort pour capter la lumière divine qui est particulièrement accessible pendant cette période.

Le cycle des fêtes juives, à la lumière de la Kabbale, offre une série d'opportunités pour le pratiquant de se connecter aux forces spirituelles qui traversent l'univers. Chaque fête apporte une énergie unique, qui peut être utilisée pour la purification, l'élévation et la transformation spirituelle. En s'alignant sur ces énergies, le pratiquant se syntonise avec le cycle divin, vivant de manière plus harmonieuse et consciente.

Les fêtes juives ne sont pas de simples dates commémoratives, mais des portails spirituels qui, selon la Kabbale, offrent des opportunités d'élévation et de transformation personnelle. Chacune d'elles porte une énergie unique, liée aux Sephiroth et au cycle annuel de la vie spirituelle. Dans cette partie, l'accent sera mis sur les pratiques et les rituels kabbalistiques associés à ces festivités, permettant au lecteur d'aligner ses actions sur le but spirituel de chacune. En plus de procurer célébration et renouveau, ces rituels aident à accéder et à canaliser les énergies divines disponibles à chaque période sacrée.

Pratiques de Rosh Hashanah : Le Jugement et le Recommencement

Rosh Hashanah, le Nouvel An juif, est un moment de profonde introspection et d'alignement spirituel. La première étape pour le pratiquant, selon la Kabbale, est la préparation consciente au jugement divin qui a lieu pendant ces deux jours. Le son du Chofar est un rituel central. Le Chofar, une corne de bélier, n'est pas seulement un instrument sonore ; son son, dans la vision kabbalistique, réveille l'âme et enlève les barrières spirituelles qui se sont formées pendant l'année.

Avant Rosh Hashanah, de nombreux kabbalistes pratiquent le Tachlich, un rituel où l'on se rend près d'un cours d'eau, symbolisant le désir de jeter les péchés et les négativités de l'année précédente au fond des eaux. Cet acte représente la volonté de se libérer des impuretés spirituelles et de faire place à une nouvelle lumière.

Au niveau méditatif, les kabbalistes réfléchissent profondément sur la Sephirah de Malkhout, l'émanation divine liée au règne et à la réalisation. La question qui se pose lors de ces méditations est : "Comment puis-je m'aligner davantage sur le plan divin ?". Cette focalisation aide le pratiquant à créer des intentions pour le prochain cycle et à s'ouvrir aux bénédictions spirituelles de Rosh Hashanah.

Le Jour de Yom Kippour : Le Nettoyage Spirituel

Après le processus initial de jugement à Rosh Hashanah, Yom Kippour apparaît comme le Jour du Grand Pardon, le point culminant du repentir et de la purification. Le jeûne complet et la restriction des plaisirs matériels sont des pratiques qui, selon la Kabbale, permettent au pratiquant de transcender le corps physique et de se concentrer entièrement sur l'âme. Il est dit qu'à Yom Kippour, l'âme atteint l'état le plus proche de son essence divine, libérée des distractions du monde physique.

L'un des rituels les plus importants est le Vidouï, la confession des péchés, qui est répétée plusieurs fois pendant la journée. La confession n'est pas seulement considérée comme une reconnaissance des erreurs commises, mais comme un acte d'auto-transformation. En confessant, le pratiquant non seulement se repent, mais déclare également l'intention de corriger les déséquilibres spirituels.

La méditation à Yom Kippour tourne autour de la Sephirah de Guevourah, qui représente la rigueur et le jugement. Ici, le pratiquant cherche à équilibrer cette énergie avec la force de Hessed (bonté), comprenant que le jugement sévère existe pour faciliter la guérison et le renouveau. En terminant Yom Kippour, le pratiquant est spirituellement renouvelé, prêt pour un nouveau cycle de vie et de croissance.

Souccot : La Rencontre avec la Divinité dans la Cabane

Juste après Yom Kippour, commence la célébration de Souccot, la Fête des Cabanes, qui symbolise la protection divine reçue par les Israélites pendant leur traversée du désert. Le pratiquant construit et habite temporairement une Soucca (cabane), qui représente la nature transitoire de la vie matérielle et la nécessité de se fier à la protection divine.

Dans la Kabbale, la Soucca est également considérée comme un microcosme de la Sephirah de Hessed, un espace sacré où l'énergie d'amour et de protection divine imprègne l'environnement. Entrer dans la Soucca est un acte de confiance en la bonté de Dieu et d'ouverture aux bénédictions spirituelles. Pendant les sept jours de Souccot, chaque jour est dédié à l'une des sept émanations divines (les Sephiroth), en commençant par Hessed (bonté) et en terminant par Malkhout (souveraineté).

Un autre rituel important est l'agitation du Loulav et de l'Etrog, qui représentent l'unification des différentes énergies de l'univers. En les agitant dans toutes les directions, le pratiquant harmonise les forces spirituelles qui soutiennent la création. Cette pratique sert de rappel que tout dans le monde, tant sur le plan spirituel que matériel, est interconnecté.

Pessa'h : La Libération de l'Esclavage Intérieur

Pessa'h, ou la Pâque juive, marque la libération des Israélites de l'Égypte, mais, dans la Kabbale, cette libération est également interprétée comme la libération des forces internes qui emprisonnent l'âme. Avant le début de la fête, le 'Hametz (pain levé) doit être retiré de toutes les maisons, représentant la purification de l'ego et des impuretés spirituelles qui croissent de manière désordonnée tout au long de l'année.

Le rituel du Séder de Pessa'h, le repas cérémoniel, est rempli de symbolisme. La Matsa, le pain non levé, est consommé comme un rappel de l'humilité et de la promptitude à la rédemption. Chacune des quatre coupes de vin bues pendant le Séder représente les quatre expressions de libération mentionnées dans la Torah, chacune correspondant à une émanation divine.

Pendant le Séder, de nombreux kabbalistes méditent sur la Sephirah de Tiphéreth, qui représente la beauté, l'harmonie et l'équilibre entre les forces spirituelles. Le but de cette méditation est de se connecter à l'harmonie intérieure qui peut émerger lorsque l'âme est libérée de ses chaînes spirituelles.

Chavouot : La Réception de la Sagesse Divine

Chavouot, la fête qui commémore le don de la Torah au Mont Sinaï, est un moment de révélation spirituelle. Dans la Kabbale, Chavouot n'est pas seulement l'anniversaire de la Torah, mais une opportunité pour le pratiquant de recevoir de nouveaux niveaux de sagesse divine.

Pendant la nuit de Chavouot, il est de coutume de pratiquer le Tikkoun Leil Chavouot, une étude continue de la Torah qui va du coucher du soleil jusqu'à l'aube. Cette étude est considérée comme un moyen d'ouvrir l'esprit et le cœur à la lumière de la sagesse divine. Chaque mot étudié et médité pendant cette nuit est comme une graine spirituelle qui fleurira au cours de l'année.

La pratique méditative à Chavouot est centrée sur la Sephirah de Binah, l'émanation de la compréhension et de l'intuition profonde. Tout au long de la fête, les pratiquants réfléchissent à la manière d'intégrer l'apprentissage de la Torah dans leur vie quotidienne, permettant à la sagesse divine de modeler leurs actions et leurs décisions.

Le Cycle d'Élévation Spirituelle

Les fêtes juives, telles que vues par la Kabbale, offrent plus que de simples célébrations religieuses ; elles sont des opportunités d'accès aux énergies divines qui peuvent purifier, transformer et élever l'âme. En pratiquant les rituels et les méditations kabbalistiques associés à ces fêtes, le pratiquant peut entrer en syntonie avec les cycles cosmiques et spirituels qui imprègnent l'année. Ainsi, chaque fête est un pas vers la rédemption personnelle et collective, une partie d'un chemin qui vise l'élévation spirituelle continue.

Chapitre 17
Le Pouvoir des Lettres Hébraïques

Dans la Kabbale, l'alphabet hébraïque occupe un rôle central dans la création de l'univers et dans la communication divine. Chaque lettre est plus qu'un symbole linguistique ; elle est une force créatrice, avec une énergie spirituelle spécifique et la capacité d'influencer le monde physique et spirituel. Pour les kabbalistes, les lettres hébraïques n'ont pas simplement été inventées par des êtres humains, mais ont été révélées comme un code mystique contenant les secrets de la création et de l'existence elle-même.

Les lettres hébraïques sont intrinsèquement liées à la création de l'univers, comme décrit dans le Sefer Yetzirah (Livre de la Création). Ce texte sacré enseigne que Dieu a utilisé les 22 lettres de l'alphabet hébraïque comme des blocs de construction pour façonner toutes les réalités. Chaque lettre porte une énergie spécifique qui, lorsqu'elle est combinée avec d'autres lettres, produit diverses formes de manifestation. En plus d'être associées aux forces créatrices, les lettres sont également liées aux Sefirot, les dix émanations divines qui soutiennent l'univers. Cette connexion fait des lettres de puissants outils spirituels, utilisés dans les pratiques méditatives et les rituels kabbalistiques.

Les Lettres comme Ponts Entre le Monde Physique et Spirituel

Chacune des 22 lettres hébraïques possède une valeur numérique, une forme et un son, qui jouent des rôles spécifiques dans l'énergie qu'elles transmettent. Par leurs valeurs numériques, les lettres se connectent à la pratique de la Guematria, le système kabbalistique qui cherche à révéler les significations cachées derrière les nombres et les mots.

Par exemple, la lettre Aleph (א), qui est la première lettre de l'alphabet, a la valeur numérique de 1. Ce nombre symbolise l'unité de Dieu, la force primordiale qui précède toute la création. Aleph est considérée comme une lettre silencieuse, car elle n'a pas de son propre. Cela représente le silence avant la création, l'état de potentiel absolu.

D'un autre côté, la lettre Bet (ב), qui vient juste après Aleph et a la valeur numérique de 2, est associée à la dualité et à la manifestation. Alors qu'Aleph représente l'un, le principe divin non manifesté, Bet est le symbole du deux, le début de la création et de la séparation entre les énergies opposées — lumière et obscurité, masculin et féminin, spirituel et matériel.

La forme de chaque lettre porte également une signification mystique. Dans le cas d'Aleph, sa structure combine un Vav (ו) incliné avec deux Yods (י), un au-dessus et un en dessous. Cela reflète l'équilibre entre le ciel et la terre, le divin et l'humain. Les formes des lettres peuvent être vues comme des cartes spirituelles qui représentent des connexions invisibles entre les mondes supérieurs et inférieurs.

Le son de chaque lettre est également fondamental pour sa fonction spirituelle. Le son est considéré comme une expression directe de l'énergie créatrice divine. Réciter les lettres avec intention, que ce soit dans les prières ou les méditations, est un moyen puissant de se connecter à ces énergies.

La Lettre Yod et le Cycle de la Création

L'une des lettres les plus importantes et révérées dans la Kabbale est le Yod (׳), la plus petite lettre de l'alphabet hébraïque, mais qui contient des significations profondes. Avec la valeur numérique de 10, Yod symbolise le point initial de toute la création. Il est dit que toutes les autres lettres et formes dérivent de ce simple point, faisant de Yod la base de tout.

Dans la Kabbale, Yod est intimement lié à la Sefirah de Chochmah, l'émanation de la sagesse divine. Cette association est significative, car Chochmah est l'étape initiale de la création, l'étincelle d'inspiration qui surgit avant la manifestation complète. Étant la plus petite des lettres, Yod est également vue comme un symbole d'humilité, suggérant que la vraie sagesse vient de la capacité d'être petit, de s'effacer devant le divin.

La Lettre Shin et la Transformation

Une autre lettre cruciale dans la Kabbale est le Shin (ש), qui est souvent associé au feu, à la transformation et à l'énergie spirituelle intense. Sa valeur numérique est de 300, un nombre qui représente le pouvoir expansif de la transformation et de la multiplicité.

La forme de la lettre Shin, avec ses trois branches qui pointent vers le ciel, est un symbole d'élévation spirituelle. Ces trois branches représentent également les trois colonnes de l'Arbre de Vie kabbalistique : Chesed (bonté), Guevurah (force) et Tiferet (harmonie). Ainsi, Shin est un rappel de la nécessité d'équilibre et d'intégration entre les forces opposées de la création.

Dans le Tétragramme, le Nom Divin de quatre lettres (YHVH), la lettre Shin est souvent vue comme un symbole de l'énergie divine qui imprègne et soutient l'univers. Méditer sur la lettre Shin peut aider le pratiquant à transformer les limitations spirituelles et à accéder à des niveaux de conscience plus élevés.

Le Pouvoir Créatif de la Parole

Dans la Kabbale, les lettres hébraïques deviennent encore plus puissantes lorsqu'elles sont combinées en mots. Chaque mot, composé d'une séquence de lettres, est vu comme une façon de manifester différents aspects de la création. Cela signifie que les mots hébraïques — en particulier les Noms Divins — possèdent une force créatrice extraordinaire.

Le mot Emet (אמת), par exemple, qui signifie "vérité", est formé des lettres Aleph (א), Mem (מ) et Tav (ת), qui sont la première, la lettre du milieu et la dernière de l'alphabet hébraïque. Cela symbolise que la vérité englobe le début, le milieu et la fin de toute la création. La vérité est le principe divin qui soutient et imprègne tous les niveaux de l'existence.

Un autre exemple est le mot Chai (חי), qui signifie "vie". Composé des lettres Chet (ח) et Yod (י), ce mot ne reflète pas seulement la force vitale qui soutient tous les êtres, mais porte également une connotation de dynamisme et de changement continu. Dans la pratique kabbalistique, méditer sur le mot Chai peut réveiller les énergies de renouveau et de vitalité.

Méditer sur les Lettres Hébraïques

La pratique de méditer sur les lettres hébraïques est l'une des façons les plus puissantes d'accéder aux énergies spirituelles contenues dans chacune d'elles. Les kabbalistes visualisent les lettres dans leurs esprits, observant leurs formes et réfléchissant à leurs significations spirituelles. En faisant cela, ils entrent en contact direct avec les forces créatrices qui soutiennent l'univers.

Un exemple de cette pratique est la méditation sur la lettre Hei (ה), qui est liée à la Sefirah de Binah et au concept de création à partir du néant. Hei est vue comme la porte par laquelle les âmes entrent dans le monde physique. En méditant sur la forme ouverte de cette lettre, le pratiquant visualise ce passage et réfléchit à l'interconnexion entre les mondes spirituels et matériels.

Une autre pratique courante est la méditation sur Aleph, qui symbolise l'unité divine. En visualisant Aleph et son équilibre entre les mondes supérieur et inférieur, le pratiquant cherche à s'aligner sur cette harmonie cosmique.

L'Influence des Lettres au Quotidien

En plus d'être utilisées dans les méditations et les pratiques spirituelles, les lettres hébraïques influencent également la vie quotidienne de manière subtile et puissante. Par exemple, le choix d'un nom en hébreu revêt une grande importance. Un nom n'est pas seulement une identification, mais un reflet de l'âme d'une personne et de sa mission spirituelle. Les kabbalistes analysent fréquemment le nom d'une personne par le biais de la Guematria, révélant des aperçus sur le destin et les qualités spirituelles de la personne.

Les lettres sont également utilisées dans les amulettes et les protections spirituelles. Certaines combinaisons de lettres sont considérées comme de puissants boucliers spirituels, capables de repousser les énergies négatives et d'attirer les bénédictions. Cela démontre comment les lettres peuvent être utilisées pour créer des changements concrets dans le monde physique.

L'alphabet hébraïque est plus qu'un simple langage ; c'est un outil mystique avec le pouvoir de transformer la réalité. Chaque lettre porte en elle une énergie unique, liée à la création et à la manifestation divine. En étudiant et en méditant sur les lettres hébraïques, le pratiquant de la Kabbale peut s'aligner sur ces forces créatrices et ouvrir les portes à des niveaux plus profonds de conscience et de spiritualité.

En approfondissant l'étude des lettres hébraïques, nous allons explorer comment appliquer la connaissance de ces énergies mystiques de manière pratique, tant dans les méditations que dans les transformations personnelles. Les lettres hébraïques ne sont pas seulement des symboles d'un alphabet, mais des véhicules spirituels puissants qui peuvent être utilisés pour créer, modifier et influencer les réalités internes et externes du pratiquant. La Kabbale enseigne qu'en se connectant consciemment à ces lettres, nous pouvons débloquer des potentiels cachés en nous-mêmes et transformer nos vies.

La Visualisation des Lettres Hébraïques

L'une des façons les plus efficaces de travailler avec les lettres hébraïques est la visualisation. Les kabbalistes utilisent cette pratique pour invoquer l'énergie spirituelle contenue dans chaque lettre et l'appliquer directement dans leur vie.

En visualisant une lettre, le pratiquant doit commencer par se concentrer sur sa forme spécifique et sur la façon dont cette forme reflète sa signification spirituelle. Par exemple, méditer sur la lettre Aleph implique de visualiser sa structure — la ligne diagonale de Vav (ו) et les deux Yods (י) aux extrémités — et de réfléchir à la connexion entre le monde spirituel supérieur et le monde matériel inférieur. Ce processus peut être comparé à une sorte de méditation géométrique, où chaque ligne et courbe de la lettre est un symbole d'un principe spirituel supérieur.

En plus de la forme, le pratiquant doit prêter attention au son de la lettre, si elle en a un, ou à son absence, comme dans le cas d'Aleph. Le son des lettres, comme mentionné précédemment, représente une manifestation créative du divin, et réciter les lettres à voix haute ou intérieurement peut aider à amener l'énergie de la lettre dans le moment présent. La répétition du son, de manière lente et rythmée, est souvent utilisée pour ancrer la conscience dans un état élevé de connexion avec les forces spirituelles.

Méditation sur le Tétragramme : YHVH

L'un des exemples les plus profonds de la façon dont les lettres peuvent être utilisées dans la méditation est la pratique kabbalistique de visualisation du Tétragramme, le Nom Divin formé des lettres Yod (י), Hei (ה), Vav (ו) et Hei (ה). Ce nom, qui est considéré comme le plus sacré de tous, représente l'essence divine et la force créatrice qui imprègne toute l'existence.

La méditation sur le Tétragramme implique plusieurs étapes de visualisation et de réflexion :

Yod (י) : Représente le point initial de la création, l'étincelle de la conscience divine. En visualisant le Yod, le pratiquant se connecte à l'aspect divin qui est au-delà de toute forme physique, la pure énergie du potentiel créatif.

Hei (ה) : Le premier Hei représente le stade d'expansion et de manifestation à partir de ce point initial. C'est le "souffle" de la création, la formation d'une idée ou d'un concept. Visualiser le Hei, c'est se connecter au processus de donner forme à ce qui était auparavant non manifesté.

Vav (ו) : Cette lettre symbolise le canal par lequel l'énergie spirituelle s'écoule du monde divin vers le monde matériel. En méditant sur la lettre Vav, le pratiquant imagine cette énergie s'écoulant vers la réalité physique, établissant un pont entre le spirituel et le matériel.

Hei (ה) : Le second Hei complète le cycle de la création, amenant l'énergie spirituelle pleinement dans le monde physique. Visualiser cette lettre finale, c'est visualiser la manifestation complète de la création dans sa forme la plus tangible et concrète.

La pratique de ces visualisations n'est pas seulement théorique ; elle vise à aligner le pratiquant sur les principes divins qui régissent la création. En travaillant régulièrement avec le Tétragramme, il est possible de s'harmoniser avec les cycles de création et de manifestation qui se produisent à la fois dans l'univers et en chaque individu.

L'Utilisation des Lettres Hébraïques pour la Transformation Personnelle

L'application des lettres hébraïques va au-delà de la méditation statique. Elles peuvent être utilisées pour promouvoir des transformations personnelles profondes. Chaque lettre représente une qualité spirituelle qui peut être cultivée ou éveillée chez le pratiquant, en fonction de ses besoins et de ses défis.

Par exemple, une personne confrontée à des défis liés à l'expression de soi peut se concentrer sur la lettre Peh (פ), qui est associée à la bouche et à la capacité de communication. La méditation et la récitation de Peh peuvent aider à libérer les blocages liés à la parole, permettant à la personne de s'exprimer avec plus de clarté et de sincérité.

De même, une personne qui cherche plus de volonté ou de résilience peut méditer sur la lettre Tav (ת), qui est la dernière lettre de l'alphabet et symbolise l'achèvement et la détermination. Tav représente également la fin d'un cycle, ce qui peut être utile pour ceux qui cherchent à terminer un projet ou à surmonter une phase difficile de leur vie.

La Composition des Noms : Énergie Personnelle et Divine

Une autre pratique importante impliquant les lettres hébraïques est l'étude et la méditation sur les noms — tant les Noms Divins que les noms personnels. Dans la tradition kabbalistique, les noms ne sont pas de simples étiquettes, mais des expressions de l'essence et de la mission spirituelle d'un individu. Chaque lettre d'un nom apporte une énergie spécifique qui façonne le caractère et le destin de la personne.

La pratique de méditer sur son propre nom ou sur des noms sacrés est un moyen d'activer ces énergies et d'intégrer leurs potentiels dans la vie quotidienne. Par exemple, le nom hébraïque Moïse (Moshe, השמ) est composé des lettres Mem (מ), Shin (ש) et Hei (ה). Chacune de ces lettres porte une signification profonde : Mem est associée aux eaux et à la sagesse fluide, Shin au feu et à la transformation, et Hei au processus de révélation. Méditer sur ce nom peut aider à éveiller ces qualités et à les comprendre de manière plus profonde.

De plus, les kabbalistes croient également que méditer sur les Noms Divins peut apporter protection et guidance. La combinaison de lettres dans le nom Elohim (מיהלא), par exemple, contient des significations puissantes associées à la force, la justice et le jugement. En se connectant à ces lettres par la méditation, le pratiquant peut accéder à ces qualités divines en cas de besoin.

Pratiques de Chant et de Récitation

Une autre méthode puissante pour travailler avec les lettres hébraïques est le chant ou la récitation des lettres. Cette méthode, connue sous le nom de Hitbodedut ou Hitbonenut, implique la répétition de sons et de mots spécifiques pour induire un état élevé de conscience spirituelle.

En récitant les lettres en séquence ou en répétant une seule lettre comme un mantra, le pratiquant active le pouvoir vibratoire de la lettre, permettant à son énergie d'imprégner l'esprit, le corps et l'âme. Cette pratique peut être réalisée de manière silencieuse ou à voix haute, selon l'intention. Lorsqu'elle est chantée à voix haute, la vibration des lettres peut avoir un impact physique tangible, harmonisant les énergies internes et externes.

La lettre Shin, par exemple, qui a déjà été mentionnée comme étant associée au feu, peut être récitée à plusieurs reprises pour activer une sensation de vitalité et de transformation. De même, la répétition de la lettre Yod peut aider à accéder à un état de sagesse intérieure et de clarté mentale.

Exercices pour Travailler avec les Lettres

Pour intégrer cette connaissance dans une pratique quotidienne, voici quelques exercices pratiques que vous pouvez réaliser pour travailler avec les lettres hébraïques et accéder à leurs énergies transformatrices :

Visualisation Quotidienne d'une Lettre : Choisissez une lettre par jour à méditer. Visualisez sa forme, sa couleur (selon votre intuition) et répétez le son de la lettre lentement. Réfléchissez à la façon dont l'énergie de cette lettre peut être appliquée dans votre vie actuelle.

Méditation sur le Nom Propre : Écrivez votre nom en hébreu et visualisez chaque lettre séparément. Réfléchissez à la façon dont chaque lettre influence votre caractère et votre mission. Que peut révéler chacune d'elles sur vos dons et vos défis ?

Chant de Mantras de Lettres : Choisissez une lettre que vous sentez que vous devez travailler, comme Shin pour la transformation ou Peh pour la communication. Récitez cette lettre à plusieurs reprises sur un ton monotone, en vous concentrant sur le son et la vibration qu'elle crée dans votre corps.

Analyse de Noms : Appliquez les principes de la Guematria pour analyser les noms de personnes ou de mots importants dans votre vie. Que révèlent les valeurs numériques sur leurs connexions spirituelles et énergétiques ?

Les lettres hébraïques sont bien plus que de simples caractères ; ce sont de puissants outils spirituels qui peuvent apporter une transformation à des niveaux profonds. Travailler avec ces lettres, que ce soit par la méditation, la récitation ou la visualisation, permet au pratiquant d'accéder à une vaste source d'énergie créatrice et spirituelle, en s'alignant sur les forces qui façonnent l'univers. Avec une pratique constante, ces lettres peuvent ouvrir les portes à de nouveaux niveaux de compréhension, de guérison et de développement spirituel.

Chapitre 18
La Kabbale et les Rêves

Les rêves occupent une place significative dans la Kabbale, étant considérés comme des messages directs de l'inconscient et du monde spirituel. Depuis l'Antiquité, les kabbalistes croyaient que les rêves étaient plus que de simples activités mentales pendant le sommeil ; ils sont des canaux de communication entre l'âme et les dimensions supérieures. À travers les rêves, le monde spirituel peut révéler des secrets, donner des orientations et même permettre à l'âme d'accéder à des niveaux de conscience plus élevés. La Kabbale enseigne que, pendant le sommeil, l'âme humaine passe par un voyage. Une partie de l'âme, principalement le Nefesh (le niveau le plus basique de l'âme), reste dans le corps, tandis que la Ruach et la Neshamah (les niveaux émotionnel et spirituel de l'âme) peuvent s'élever vers les mondes spirituels. Ce faisant, l'âme entre en contact avec les forces divines, les anges et d'autres entités spirituelles qui résident dans différents plans de la création. C'est dans ces moments que l'âme peut recevoir des révélations et des perceptions qui, en retournant au corps, se manifestent sous la forme de rêves.

Types de Rêves dans la Kabbale

La Kabbale classifie les rêves en différentes catégories, selon leurs origines spirituelles et leurs contenus. Ces classifications aident à discerner la nature et la pertinence de chaque rêve, car tous les rêves ne sont pas égaux. Certains peuvent être des messages divins, tandis que d'autres peuvent simplement refléter les angoisses et les préoccupations de la vie quotidienne.

Rêves Prophétiques : Ce sont les rêves qui viennent directement du divin ou des mondes spirituels. Ils apportent des messages clairs et symboliques, impliquant souvent des figures sacrées ou des archétypes spirituels. Les kabbalistes croient que les grands prophètes, comme Joseph en Égypte, ont reçu des messages importants à travers ce type de rêve. Ces rêves sont rares et peuvent contenir des orientations pour des décisions importantes, des révélations sur le destin ou même sur des événements futurs.

Rêves Psychologiques : Contrairement aux rêves prophétiques, les rêves psychologiques sont une expression des émotions, des pensées et des désirs inconscients du rêveur. Ils peuvent être le reflet de tensions, de peurs ou d'angoisses que l'individu traverse dans sa vie éveillée. Dans la Kabbale, ces rêves sont considérés comme moins spirituels, mais peuvent tout de même être précieux, car ils révèlent des états internes qui doivent être traités ou équilibrés.

Rêves Mystiques ou Spirituels : Ces rêves se situent entre le prophétique et le psychologique. Ils ne sont pas des messages directs du divin, mais ce sont des voyages spirituels que l'âme fait pendant que le corps se repose. Durant ces rêves, l'âme peut rencontrer des êtres spirituels, voyager à travers différents niveaux de réalité ou recevoir des insights sur des questions personnelles et spirituelles. Ces rêves sont souvent riches en symbolisme et peuvent être difficiles à interpréter sans une compréhension profonde des principes kabbalistiques.

Symbolisme dans les Rêves

Le symbolisme joue un rôle crucial dans l'interprétation des rêves kabbalistiques. Chaque élément du rêve, qu'il s'agisse d'un objet, d'une couleur, d'une personne ou d'un événement, a une signification spécifique qui peut être déchiffrée pour révéler le contenu spirituel caché. Les symboles dans les rêves sont des formes à travers lesquelles les messages spirituels, souvent complexes et subtils, sont transmis au rêveur.

Dans la Kabbale, certains des symboles les plus courants incluent :

Eau : Symbolise la sagesse et la connaissance spirituelle. Un rêve impliquant de l'eau peut indiquer que le rêveur est en quête de plus de sagesse ou est dans un processus de purification spirituelle. La forme que prend l'eau dans le rêve est également importante : l'eau propre peut représenter la clarté spirituelle, tandis que l'eau sale peut indiquer la confusion ou des émotions négatives.

Arbres : Les arbres symbolisent généralement l'Arbre de Vie, et les rêves impliquant des arbres peuvent être liés à la croissance spirituelle, à la connexion avec les Sephiroth, ou même à la santé physique et émotionnelle du rêveur. Rêver d'arbres sains et fleuris peut être un signe de prospérité et de bien-être spirituel.

Lumière : La lumière est souvent associée à la présence divine et à la révélation spirituelle. Un rêve où la lumière joue un rôle important peut indiquer que le rêveur reçoit une orientation ou qu'il s'approche d'un nouveau niveau de compréhension spirituelle.

Feu : Le feu est un symbole de purification et de transformation, et, dans les rêves, il peut représenter un besoin de changement ou d'éliminer quelque chose de négatif de la vie du rêveur. Cependant, il peut aussi être un symbole de destruction, selon le contexte du rêve.

Animaux : Différents animaux peuvent avoir des significations diverses, et leur interprétation dépend à la fois de l'animal lui-même et de son comportement dans le rêve. Par exemple, un serpent peut être un symbole de guérison et de transformation, tandis qu'un lion peut représenter le pouvoir et la protection.

La Technique de l'Interprétation des Rêves

Les kabbalistes ont développé des méthodes détaillées pour interpréter les rêves. L'une des techniques les plus connues est le Hitbonenut, qui implique la méditation et la réflexion profonde sur les symboles présents dans le rêve. À travers cette pratique, le rêveur peut déplier les significations cachées derrière les éléments du rêve.

Tout d'abord, le rêveur doit enregistrer le rêve immédiatement après le réveil, car les détails ont tendance à s'estomper rapidement. Écrire les symboles et les émotions ressenties dans le rêve est crucial pour l'interprétation. L'étape suivante consiste à méditer sur ces symboles, en les connectant aux enseignements kabbalistiques qui leur sont liés. Par exemple, en rêvant d'eau, le rêveur peut méditer sur la Sephirah de Chochmah, qui représente la sagesse, et considérer comment le rêve s'aligne avec son état de recherche de sagesse dans la vie éveillée.

De plus, certains kabbalistes recommandent de consulter un maître spirituel ou quelqu'un d'expérimenté dans l'interprétation des rêves. Ceci parce que, souvent, l'interprétation correcte d'un rêve peut nécessiter un regard plus profond et entraîné, capable de déchiffrer des nuances que le rêveur seul peut ne pas percevoir.

Rêves et l'Arbre de Vie

L'un des aspects les plus fascinants de la vision kabbalistique des rêves est la relation entre les rêves et l'Arbre de Vie. Pendant le sommeil, l'âme du rêveur peut s'élever à travers les différentes Sephiroth de l'Arbre de Vie, recevant des insights et des expériences en fonction du niveau spirituel qu'elle atteint.

Assiyah (Action) : Si le rêve se produit au niveau d'Assiyah, il peut être lié à des questions pratiques et matérielles de la vie éveillée. Ces rêves sont généralement plus liés à la réalité quotidienne et moins spirituels.

Yetzirah (Formation) : Au niveau de Yetzirah, les rêves peuvent se concentrer sur des questions émotionnelles et relationnelles. Les symboles peuvent révéler des sentiments refoulés ou des traumatismes non résolus.

Beriah (Création) : Les rêves qui se produisent au niveau de Beriah ont tendance à être plus spirituels et philosophiques, apportant des messages sur le but de la vie ou des questions plus profondes d'existence.

Atzilut (Émanation) : C'est le niveau le plus élevé et rarement atteint dans les rêves. Lorsqu'un rêve se produit à Atzilut, il peut s'agir d'une expérience d'union avec le divin, où le rêveur se connecte directement à la source de la création.

La Signification des Cauchemars

Les cauchemars sont également abordés dans la Kabbale comme des phénomènes qui peuvent avoir des significations spirituelles importantes. Ils sont souvent considérés comme le reflet de tensions ou de conflits internes qui doivent être résolus. Cependant, ils peuvent aussi être des manifestations d'énergies externes ou de forces négatives qui entourent le rêveur.

Les kabbalistes croient que, lorsqu'il fait un cauchemar, le rêveur doit faire une analyse attentive de ses émotions et de son état spirituel. Les cauchemars récurrents peuvent être un signe que quelque chose dans sa vie a besoin d'attention ou de guérison. La pratique du Tikun — correction spirituelle — peut être utilisée pour traiter les aspects émotionnels ou spirituels que les cauchemars révèlent.

Exercices Pratiques pour la Mémorisation des Rêves

Pour ceux qui souhaitent commencer à travailler plus profondément avec les rêves, la Kabbale suggère quelques pratiques simples, mais puissantes, pour aider à se souvenir et à interpréter les rêves.

Intention avant de dormir : Avant de s'endormir, il est utile de définir une intention claire, comme une demande d'orientation spirituelle ou de clarté sur une question spécifique. Cette pratique peut augmenter la probabilité d'avoir un rêve significatif.

Journal des rêves : Garder un journal à côté du lit pour enregistrer les rêves immédiatement après le réveil. Écrivez le plus de détails possible, y compris les symboles, les couleurs et les émotions ressenties pendant le rêve.

Prière pour la Mémorisation des Rêves : Certains kabbalistes recommandent une brève prière avant de dormir, demandant de se souvenir des rêves et de recevoir des insights spirituels à travers eux.

Les rêves, dans la Kabbale, sont des portails vers des dimensions spirituelles et des révélations intérieures. En comprenant la structure des rêves et les symboles qu'ils contiennent, nous pouvons commencer à travailler consciemment avec ces états modifiés de conscience et utiliser les messages des rêves pour notre croissance spirituelle. Après avoir compris l'importance des rêves dans la Kabbale et le rôle qu'ils jouent en tant que portails spirituels, l'étape suivante consiste à apprendre à augmenter la clarté de ces rêves et à maîtriser les techniques d'interprétation. La pratique kabbalistique implique plus que la simple reconnaissance des symboles oniriques ; elle offre un ensemble d'outils pour explorer les rêves de manière consciente et extraire des informations spirituelles significatives.

Techniques pour Augmenter la Clarté des Rêves

L'un des principaux défis que rencontrent de nombreuses personnes lorsqu'elles travaillent avec leurs rêves est le manque de clarté. Souvent, les rêves peuvent sembler confus, fragmentés ou difficiles à retenir. Cependant, la Kabbale enseigne qu'il existe des moyens d'entraîner l'esprit et l'âme à se souvenir et à interpréter les rêves de manière plus efficace.

1. Préparation Mentale et Spirituelle Avant de Dormir

La clarté des rêves peut être influencée par la préparation spirituelle et mentale avant le sommeil. Dans la Kabbale, l'idée de Hitbonenut (méditation) est centrale pour calmer l'esprit et ouvrir l'âme aux messages spirituels pendant le sommeil. Prendre le temps de méditer avant de dormir, en se concentrant sur l'apaisement des pensées, peut créer un environnement plus réceptif pour les rêves.

Une autre pratique recommandée est de réciter des Psaumes ou d'autres prières sacrées avant de dormir. Ces textes sont considérés comme protecteurs et purificateurs, aidant à éloigner les énergies négatives et créant une ouverture pour que les rêves soient plus clairs et spirituellement orientés. Une simple prière peut être faite avec l'intention de recevoir une orientation spirituelle pendant le sommeil, comme :

"Ô Source de Sagesse et de Lumière, je demande Ta guidance et Ta protection pendant mon sommeil. Que mon âme puisse recevoir Tes messages et que j'aie la clarté pour comprendre les symboles et les enseignements qui me seront révélés. Amen."

2. Purification de l'Environnement de Sommeil

L'environnement physique où nous dormons a également un impact significatif sur la clarté des rêves. Selon les enseignements kabbalistiques, les énergies spirituelles circulent à travers les espaces physiques, et il est donc important de maintenir l'endroit où l'on dort exempt d'énergies négatives. La pratique de la purification de l'espace peut être effectuée de différentes manières, telles que :

Nettoyage physique et spirituel de la chambre : Maintenir l'espace propre, organisé et calme aide à promouvoir un environnement de sommeil sain. De plus, l'utilisation d'éléments spirituels, comme la combustion d'encens, peut être un moyen de purifier l'environnement. L'encens de myrrhe ou d'oliban est souvent utilisé par les kabbalistes pour élever l'énergie spirituelle de l'espace.

Placement de symboles sacrés : Certains kabbalistes recommandent de garder un symbole de l'Arbre de Vie ou un parchemin contenant des versets de la Torah près du lit. Cela crée un lien direct avec l'énergie divine pendant le sommeil.

3. Établissement d'une Intention Claire

Dans la Kabbale, l'intention, ou kavanah, est cruciale dans toute pratique spirituelle, et cela s'applique aux rêves. Établir une intention claire avant de dormir dirige l'énergie spirituelle et l'attention de l'âme vers un domaine spécifique. Cela peut être fait par une courte méditation ou une simple affirmation, demandant une orientation ou une clarté sur une question spécifique.

Par exemple, si quelqu'un cherche une réponse ou une orientation sur un dilemme, il peut se concentrer sur cette pensée avant de s'endormir, en répétant une affirmation telle que : "Je demande clarté et compréhension sur [question spécifique]." Cet acte de diriger l'intention aide à ouvrir le canal de communication entre le rêveur et les sphères spirituelles.

4. Exercices pour Améliorer la Mémorisation des Rêves

La capacité de se souvenir des rêves est une étape essentielle pour interpréter et travailler avec eux. Certains kabbalistes pratiquent l'utilisation d'un journal des rêves, en écrivant ce dont ils se souviennent dès qu'ils se réveillent. Cela renforce la capacité de se souvenir des rêves et augmente la conscience des symboles et des thèmes qui émergent.

Un autre exercice pratique consiste à se concentrer sur les détails sensoriels des rêves – les couleurs, les sons, les textures et même les émotions vécues pendant le rêve. Plus les détails sont enregistrés, plus l'interprétation ultérieure sera facile. Pour ceux qui ont du mal à se souvenir des rêves, une technique simple consiste à se dire, avant de dormir : "Je vais me souvenir de mes rêves au réveil." Cette répétition interne programme l'esprit à prêter davantage attention aux rêves.

5. Méditation Matinale

La pratique d'une courte méditation juste après le réveil peut aider à clarifier davantage les symboles et les messages des rêves. Au moment entre le sommeil et le réveil complet, l'esprit est encore connecté au monde spirituel. S'asseoir en silence et réfléchir à ce qui a été rêvé peut faire émerger de nouvelles informations ou des aspects du rêve qui n'étaient pas initialement perçus.

Une technique puissante consiste à concentrer l'attention sur le symbole ou l'événement le plus marquant du rêve et à méditer dessus, en demandant une orientation spirituelle pour comprendre sa signification. Par exemple, si le rêveur a rêvé d'une lumière brillante, il peut méditer sur l'énergie de la lumière, en demandant : "Que tente de me révéler cette lumière ?"

Méthodes d'Interprétation Kabbalistique des Rêves

L'interprétation des rêves dans la Kabbale est un processus complexe qui implique à la fois l'étude des symboles et l'intuition spirituelle. Voici quelques-unes des méthodes kabbalistiques les plus utilisées pour interpréter les rêves :

1. Symbolisme de l'Arbre de Vie

Les kabbalistes utilisent fréquemment l'Arbre de Vie comme une carte pour interpréter les rêves. Chaque Sephirah représente une qualité ou un aspect spécifique du monde spirituel, et les symboles dans les rêves peuvent être liés à ces Sephiroth.

Par exemple, si quelqu'un rêve d'une échelle, ce symbole peut être interprété comme une représentation de l'ascension de l'âme à travers les Sephiroth, vers une compréhension plus grande de la divinité. Si l'échelle est claire et facilement escaladable, cela peut indiquer un progrès spirituel ; si elle est difficile ou cassée, cela peut représenter des blocages ou des défis qui doivent être surmontés.

2. Interprétation des Nombres et des Noms

La Guematria, le système kabbalistique de numérologie, est également utilisée pour interpréter les nombres qui apparaissent dans les rêves. Chaque nombre a une valeur spirituelle, et sa signification peut être révélée en le déchiffrant à la lumière de la Guematria. Par exemple, le nombre 10 est associé à la totalité et à la complétude, car c'est le nombre des Sephiroth. Rêver de ce nombre peut indiquer que le rêveur est proche d'atteindre un objectif spirituel important.

De même, les noms qui apparaissent dans les rêves peuvent avoir des significations cachées lorsqu'ils sont vus sous l'angle de la Guematria. Le nom d'une personne ou d'un lieu dans le rêve peut révéler davantage sur son but ou sa fonction spirituelle.

3. Signification des Couleurs

Les couleurs jouent également un rôle important dans l'interprétation des rêves kabbalistiques. Chaque couleur a une correspondance avec les Sephiroth et avec des énergies spirituelles spécifiques. Voici quelques exemples courants :

Blanc : Pureté, clarté, la présence de Dieu (lié à la Sephirah de Keter).

Rouge : Passion, jugement, force (lié à la Sephirah de Gevurah).

Vert : Croissance, équilibre, harmonie (lié à la Sephirah de Tiferet).

Bleu : Sagesse, spiritualité élevée (lié à la Sephirah de Chochmah).

La couleur prédominante dans un rêve peut donner des indices sur la nature du message spirituel. Un rêve enveloppé de blanc peut suggérer que le rêveur est dans un état de pureté ou qu'il reçoit un message direct du divin.

Pratique de Rêves Lucides

La Kabbale reconnaît également l'importance des rêves lucides — la capacité d'être conscient que l'on rêve et, dans certains cas, de contrôler le rêve. Dans les rêves lucides, le rêveur peut explorer consciemment le monde spirituel, poser des questions et même chercher des conseils directement auprès d'êtres spirituels.

Pour cultiver la capacité de rêver lucidement, les kabbalistes recommandent de maintenir une pratique régulière de méditation, en cultivant la conscience de soi pendant la journée. Cela aide à augmenter la lucidité pendant l'état de rêve. De plus, répéter un mantra ou une intention avant de dormir, comme "Je vais reconnaître que je rêve", peut aider à induire des rêves lucides.

Lorsqu'il est dans un rêve lucide, le rêveur peut profiter de l'opportunité pour demander directement aux symboles du rêve leur signification. Par exemple, si une figure mystérieuse apparaît, le rêveur peut demander : "Qui êtes-vous et que représentez-vous ?" Cette interaction consciente avec le contenu du rêve peut révéler des réponses plus profondes et immédiates.

Rêves et Guérison Spirituelle

Un autre aspect puissant des rêves, selon la Kabbale, est leur capacité à offrir une guérison spirituelle. À travers les rêves, l'âme peut travailler à traiter et à guérir des traumatismes, des émotions refoulées ou des blocages spirituels. Les kabbalistes croient que beaucoup de nos problèmes émotionnels et spirituels peuvent être résolus pendant l'état de rêve, lorsque nous sommes plus ouverts aux énergies de guérison.

Pour favoriser cette guérison, il est utile de maintenir une attitude d'acceptation et de réceptivité aux rêves, en ayant confiance qu'ils ont le potentiel de révéler ce qui doit être transformé.

Chapitre 19
Le Chemin du Repentir
La Teshuvah dans la Kabbale

Dans la Kabbale, le concept de Teshuvah, ou repentir, va au-delà de la simple confession des erreurs et des demandes de pardon. Il s'agit d'un processus profond de retour spirituel à l'état d'unité avec la Divinité, réparant les fautes spirituelles et se réalignant avec le but supérieur de l'âme. Le mot Teshuvah vient de la racine hébraïque "shuv", qui signifie "retourner". Ainsi, la Teshuvah est le processus de "retour" à notre véritable essence spirituelle et de correction des déviations qui nous ont éloignés de notre connexion avec le divin.

La Kabbale enseigne que le repentir est un chemin nécessaire pour tout être humain, car les imperfections et les fautes font partie du voyage spirituel. Il n'y a pas d'évolution sans erreurs et sans l'effort conscient pour les corriger. Dans la vision kabbalistique, la Teshuvah n'est pas seulement une réponse aux péchés, mais une opportunité de croissance et de raffinement spirituel, permettant à l'âme d'atteindre un niveau plus élevé de connexion avec le Créateur.

Le Repentir dans la Création du Monde

Pour comprendre le rôle fondamental de la Teshuvah, il est important de considérer sa position dans le processus de création. La Kabbale enseigne que le concept de repentir a été créé avant même la création du monde. Cela signifie que, dans le plan divin lui-même, il était prévu que les êtres humains commettraient des erreurs et auraient besoin d'un chemin pour se racheter et se reconnecter avec le divin.

Le monde a été créé de manière intentionnellement imparfaite, avec un espace pour les erreurs humaines, de sorte que, par la Teshuvah, ces erreurs puissent être corrigées et le monde puisse être constamment élevé. Chaque fois qu'un individu fait Teshuvah, il ne corrige pas seulement sa propre âme, mais contribue également à la rectification et à l'élévation du monde entier, collaborant au processus de Tikoun Olam, ou correction de l'univers.

Les Quatre Étapes de la Teshuvah

Dans la tradition kabbalistique, le processus de Teshuvah est décrit comme comportant quatre étapes principales. Chacune de ces étapes reflète un aspect du voyage intérieur de repentir et de transformation, fournissant un guide clair pour ceux qui souhaitent suivre ce chemin.

1. Reconnaissance de l'Erreur

La première étape de la Teshuvah est de reconnaître l'erreur commise. Cette reconnaissance doit provenir d'une conscience sincère et honnête des actions, des pensées ou des paroles qui ont dévié la personne du chemin spirituel. Cependant, il ne suffit pas d'admettre l'erreur de manière superficielle. Il est nécessaire de méditer profondément sur la façon dont cette faute a affecté l'équilibre spirituel, tant au niveau personnel que cosmique.

Dans la Kabbale, cette reconnaissance est également considérée comme une façon d'illuminer l'obscurité. Lorsqu'une erreur est reconnue, elle est amenée à la lumière de la conscience, où elle peut être analysée et comprise. Cela empêche l'erreur de rester cachée et de continuer à exercer une influence négative sur l'âme.

2. Remords Sincère

Après la reconnaissance de l'erreur, l'étape suivante consiste à ressentir un remords profond et sincère pour l'avoir commise. Ce repentir ne doit pas être confondu avec la culpabilité ou la honte, des sentiments qui peuvent souvent paralyser le progrès spirituel. Le remords dans la Kabbale est une émotion positive, car c'est l'éveil de l'âme à sa vraie nature et le désir de revenir à l'état de pureté.

Le remords sincère ne se traduit pas par une punition émotionnelle, mais plutôt par une force transformatrice qui éveille la volonté de changer. Il doit être accompagné d'une compréhension profonde que, malgré l'erreur commise, il y a toujours la possibilité de corriger le chemin et de s'élever spirituellement.

3. Prise de Décision de Ne Pas Répéter l'Erreur

La troisième étape du processus de Teshuvah est la décision ferme de ne pas répéter l'erreur. Cela exige une réflexion sérieuse sur les schémas de comportement qui ont conduit à la déviation et l'établissement de nouvelles intentions pour éviter de retomber dans le même piège. Cette décision doit être prise avec une conviction totale, garantissant que la personne est engagée dans le changement.

Dans la Kabbale, cette étape est cruciale, car c'est le moment où l'individu commence à réécrire son destin spirituel. En prenant la décision consciente de ne pas répéter l'erreur, la personne "crée", en quelque sorte, un nouveau chemin pour elle-même. Cela démontre à l'univers qu'il y a un désir sincère de rectification, et, en réponse, l'univers commence à réorganiser les circonstances pour soutenir ce nouveau but.

4. Acte de Correction

La dernière étape de la Teshuvah implique l'action concrète de correction. Cette étape va au-delà du repentir intérieur ; elle exige que l'individu fasse quelque chose dans le monde extérieur pour rectifier l'erreur. Cela peut prendre de nombreuses formes, selon la nature de l'erreur. Il peut s'agir de demander pardon à ceux qui ont été lésés, de faire de bonnes actions pour équilibrer l'impact négatif, ou, dans les cas plus profonds, de se consacrer à l'étude et à la pratique spirituelle pour nettoyer les énergies spirituelles impliquées.

Dans le contexte kabbalistique, l'acte de correction est intimement lié au concept de Tikoun Olam, car, en corrigeant une erreur, la personne contribue à restaurer l'harmonie dans l'univers. Chaque acte de rectification non seulement guérit l'individu, mais contribue également à la guérison du monde.

Teshuvah et les Quatre Mondes de la Kabbale

Le voyage de repentir peut être vu à travers le prisme des Quatre Mondes de la Kabbale : Assiyah (Action), Yetzirah (Formation), Beriá (Création) et Atzilut (Émanation). Chacun de ces mondes représente un niveau d'existence et de conscience spirituelle, et la Teshuvah peut être expérimentée dans chacun d'eux.

Dans le monde d'Assiyah, le repentir se manifeste par des actions physiques. C'est ici que la correction pratique se produit, où la personne accomplit des actes de réparation et de rectification.

Dans le monde de Yetzirah, le repentir prend la forme d'émotions et de sentiments. Le remords sincère est ressenti à ce niveau, éveillant le désir de changement et de purification intérieure.

Dans le monde de Beriá, le repentir est lié à la pensée et à l'intention. Ici, l'individu médite sur les causes profondes de ses fautes et établit de nouvelles intentions spirituelles.

Dans le monde d'Atzilut, la Teshuvah est vécue comme une union complète avec le divin. C'est le niveau le plus élevé de repentir, où l'âme retourne à son état pur et originel, se fondant avec la lumière divine.

Chaque niveau de la Teshuvah correspond à une purification plus profonde, permettant à l'âme de s'élever d'un niveau à l'autre jusqu'à atteindre la réconciliation complète avec le Créateur.

Le Pouvoir Transformateur de la Teshuvah

Dans la Kabbale, la Teshuvah est considérée comme l'une des forces les plus puissantes de l'univers. Il existe un enseignement kabbalistique qui affirme que "rien n'est au-dessus de la Teshuvah". Cela signifie que, quelle que soit la gravité des erreurs commises, la Teshuvah a le pouvoir de tout rectifier et de transformer même les actions les plus négatives en opportunités de croissance spirituelle.

L'un des mystères profonds de la Teshuvah est que, en faisant ce processus de retour, l'individu non seulement se rachète, mais peut transformer ses fautes en mérites. Comme l'enseigne le Talmud, "là où se tiennent les pénitents, même les justes ne peuvent se tenir". Cela signifie que ceux qui sont passés par le processus de Teshuvah atteignent un niveau spirituel plus élevé que ceux qui n'ont jamais fauté, car ils ont expérimenté la transformation intérieure de leurs fautes.

La Teshuvah est également une démonstration de l'amour inconditionnel du Créateur. La Kabbale enseigne que Dieu attend toujours le retour de l'âme, et qu'il n'y a pas de limite à la miséricorde divine. Le processus de repentir est, en réalité, un chemin de retour vers cet amour divin, et chaque pas fait dans cette direction est accueilli avec une grande bienveillance par les mondes supérieurs.

Teshuvah Quotidienne

Bien que la Teshuvah soit souvent associée à de grandes transgressions, les kabbalistes recommandent qu'elle soit pratiquée quotidiennement, comme un moyen de maintenir la pureté de l'âme et l'alignement spirituel. À la fin de chaque journée, l'individu peut réfléchir à ses actions, ses pensées et ses émotions, cherchant à corriger tout déséquilibre ou toute faute avant de dormir. Cette pratique de repentir quotidien aide à maintenir l'âme dans un état constant de purification, empêchant les fautes de s'accumuler et de créer des obstacles spirituels.

La pratique quotidienne de la Teshuvah non seulement renforce la connexion avec le divin, mais prépare également l'âme à une vie de croissance spirituelle continue. Elle permet à chaque jour d'être une opportunité de renouveau, où l'âme peut corriger ses déviations et marcher à nouveau vers la lumière.

Ainsi, le repentir devient une pratique non seulement occasionnelle, mais une partie intégrante de la vie spirituelle, apportant une évolution constante, une croissance et un retour à l'essence divine.

Le processus de Teshuvah est bien plus qu'une simple pratique de remords. Dans la Kabbale, il se déploie en techniques et pratiques spirituelles profondes, qui visent non seulement à réparer les fautes, mais aussi à transformer la vie elle-même en un voyage constant de retour et de reconnexion avec le Créateur.

Méditations Kabbalistiques pour la Teshuvah

La méditation est un outil central dans la pratique kabbalistique et joue un rôle crucial dans le processus de Teshuvah. L'une des méditations les plus puissantes pour le repentir est associée au Tétragramme, le nom sacré de Dieu, YHVH (הוהי). En méditant sur les lettres du Tétragramme, le kabbaliste peut se reconnecter avec les différentes dimensions de la divinité, purifiant son âme et se réalignant avec le dessein divin.

Chaque lettre du Tétragramme représente un aspect différent de l'existence :

Yud (י) : Représente la sagesse et le point de départ de la création. Dans la méditation, le pratiquant réfléchit à l'origine de ses actions, cherchant à comprendre la racine de ses fautes et le potentiel divin qui les sous-tend.

Hei (ה) : Symbolise l'expansion de la sagesse en compréhension. Ici, le pratiquant médite sur les conséquences de ses actions et comment celles-ci se répercutent dans le monde qui l'entoure.

Vav (ו) : Représente la connexion entre le haut et le bas, entre le spirituel et le matériel. Dans cette phase de la méditation, le kabbaliste cherche à intégrer l'apprentissage spirituel dans sa vie pratique, s'engageant à ne pas répéter ses erreurs.

Hei (ה) : La deuxième lettre Hei indique la matérialisation du dessein divin. À la fin de la méditation, le pratiquant visualise ses fautes transformées en actions rectifiées, apportant de la lumière au monde physique. Cette méditation est accompagnée de visualisations spécifiques, comme la lumière blanche qui purifie et restaure l'âme, ou l'ascension progressive à travers les Quatre Mondes de la Kabbale, en commençant par Assiyah et en montant jusqu'à Atzilut. Au fur et à mesure que le pratiquant s'élève à travers les mondes, il se rapproche de l'essence divine et corrige graduellement les fautes spirituelles qui l'ont éloigné de son chemin.

Prières de Repentir et de Réconciliation

La prière est un autre outil puissant dans le processus de Teshuvah. La tradition kabbalistique offre diverses prières pour aider le pratiquant à se reconnecter avec Dieu et à chercher la réparation des fautes commises. L'une des prières les plus profondes est le

Vidui, une confession récitée dans les moments de repentir sincère. Dans le Vidui, l'individu reconnaît ouvertement ses fautes devant Dieu, demandant pardon avec un cœur contrit.

Le Vidui n'est pas seulement une liste de transgressions ; c'est une opportunité d'auto-évaluation et de purification. En confessant verbalement ses erreurs, le pratiquant fait en sorte que ses fautes cessent d'être inconscientes ou cachées, les amenant à la surface où elles peuvent être traitées. Selon la Kabbale, le pouvoir de la parole est immense, car les paroles façonnent la réalité. En confessant les fautes, l'individu commence à défaire les dommages causés par ses actions, permettant au repentir sincère d'apporter la guérison à l'âme.

En plus du Vidui, les prières des Psaumes sont fréquemment utilisées dans le processus de Teshuvah. Plus précisément, le Psaume 51 est une prière de repentir qui a été traditionnellement associée à la recherche de purification et de pardon. Les paroles "Crée en moi, ô Dieu, un cœur pur, et renouvelle en moi un esprit ferme" sont récitées comme une demande pour que le Créateur aide à transformer et à renouveler l'intérieur de celui qui se repent.

Actes de Bonté et de Charité

La Kabbale enseigne que la Teshuvah n'est pas complète sans l'action concrète. Cela signifie qu'en plus de la reconnaissance et de la confession des erreurs, il est nécessaire d'agir dans le monde physique pour réparer les dommages causés. L'un des moyens les plus efficaces pour cette rectification est la pratique d'actes de bonté, connus sous le nom de Chessed, et de charité, Tzedakah.

La Tzedakah est un principe fondamental dans le mysticisme juif, non seulement comme une forme d'aide matérielle, mais comme une manière de rectifier le déséquilibre spirituel causé par les fautes humaines. Lorsque l'individu pratique la charité, il inverse le flux d'égoïsme qui a conduit à la transgression et le transforme en générosité. Selon la Kabbale, l'acte de donner ouvre les canaux de bénédictions, permettant à la lumière divine de circuler à nouveau dans sa vie et dans le monde.

Chessed, quant à lui, implique des actes de bonté qui vont au-delà de l'aide financière. Ce sont des actions qui promeuvent l'harmonie, l'amour et le soutien entre les personnes, et qui font partie intégrante du processus de Teshuvah. Lorsqu'une personne commet une erreur qui a nui à d'autres personnes, c'est par la bonté et la réconciliation que cette erreur peut être véritablement corrigée. La Kabbale souligne que la véritable Teshuvah ne peut se produire que lorsque l'équilibre est rétabli tant au niveau spirituel qu'au niveau relationnel.

Le Jeûne et la Réflexion

Dans certains cas, le jeûne est recommandé comme une pratique d'auto-évaluation et de purification pendant le processus de Teshuvah. Dans la tradition kabbalistique, le jeûne n'est pas considéré comme une punition corporelle, mais comme un moyen d'élever l'âme en restreignant les désirs du corps. L'objectif du jeûne est de concentrer l'esprit et le cœur sur les réalités spirituelles, créant un espace pour l'introspection et la reconnexion avec Dieu.

Pendant le jeûne, le pratiquant peut se consacrer à la prière, à l'étude et à la méditation, cherchant un état de conscience spirituelle plus élevé. Le jeûne est également une opportunité pour le kabbaliste de réfléchir profondément à ses actions et motivations, plongeant dans le processus de Teshuvah avec plus d'intensité et de clarté. Traditionnellement, le jeûne est combiné avec la récitation des Psaumes et d'autres prières qui aident à élever l'esprit et à purifier le corps.

Teshuvah et l'Équilibre des Sefirot

La pratique de la Teshuvah est fréquemment associée au rééquilibrage des Sefirot à l'intérieur de l'âme. Chaque Sefirah correspond à une qualité spirituelle spécifique, et souvent, les déviations et les transgressions humaines sont liées à un déséquilibre de ces qualités. Par exemple, si quelqu'un commet une erreur à cause de la colère, cela peut indiquer un déséquilibre dans la Sefirah de Gevurah, qui est associée à la rigueur et à la justice. De même, les erreurs commises par indulgence excessive peuvent refléter un déséquilibre dans Chessed, la Sefirah de l'amour et de la bonté.

Le processus de Teshuvah implique d'identifier où le déséquilibre s'est produit dans les Sefirot, puis de travailler à restaurer l'harmonie. Cela peut être fait par le biais de méditations spécifiques, comme la méditation sur le Tétragramme mentionnée précédemment, ou par des pratiques qui renforcent la qualité qui est en manque. Si l'erreur était liée au manque de maîtrise de soi, par exemple, on peut méditer sur l'énergie de Gevurah pour rétablir l'équilibre. Si le problème était la froideur ou la distance émotionnelle, la méditation sur l'énergie de Chessed peut être utile pour ouvrir le cœur et rétablir le flux de bonté.

La Teshuvah comme Renaissance Spirituelle

La Kabbale enseigne que la Teshuvah a le pouvoir d'apporter à l'âme une renaissance spirituelle. Après avoir complété le processus de repentir, l'âme est considérée comme renouvelée, comme si elle était revenue à son état originel de pureté. Cela reflète l'idée que le repentir non seulement "efface" les transgressions, mais transforme profondément l'essence de la personne.

Cette transformation est décrite comme une véritable renaissance. L'âme, qui était auparavant obscurcie par les erreurs, brille maintenant avec plus d'intensité, car elle est passée par la fournaise de la purification spirituelle. Ainsi, le pratiquant qui complète la Teshuvah devient un être humain plus élevé, avec une plus grande clarté spirituelle, une force morale et une proximité avec le Créateur.

Continuité et Constance sur le Chemin de la Teshuvah

L'un des aspects les plus importants de la Teshuvah est sa continuité. La Kabbale ne considère pas le repentir comme un événement unique, mais comme un processus constant, qui doit accompagner l'individu tout au long de son voyage spirituel. Quotidiennement, le pratiquant est encouragé à réfléchir à ses actions, ses paroles et ses pensées, cherchant à corriger les petites déviations avant qu'elles ne deviennent de grands obstacles.

La pratique constante de la Teshuvah aide l'âme à rester en harmonie avec le dessein divin. Elle empêche les erreurs de s'accumuler et de se transformer en fardeaux spirituels, permettant à l'individu de continuer à grandir et à s'élever spirituellement. La constance dans le repentir est l'un des secrets de l'évolution spirituelle dans la Kabbale, car elle maintient l'âme toujours ouverte à la lumière divine.

La Teshuvah est, sans aucun doute, l'un des processus les plus profonds et les plus transformateurs de la Kabbale. Elle enseigne que, peu importe à quel point nous pouvons nous sentir éloignés de la lumière divine, il y a toujours un chemin de retour, et ce chemin est éclairé par le repentir sincère, la correction des erreurs et le renouvellement de l'âme. En pratiquant la Teshuvah de manière consciente et constante, l'individu s'aligne avec les forces cosmiques de la correction et de la rédemption, apportant l'harmonie à sa propre vie et au monde qui l'entoure.

Chapitre 20
Kabbale et le Rôle de la Femme

Dans la Kabbale, le rôle de la femme est perçu de manière profonde et centrale, avec un accent particulier sur la connexion aux énergies divines féminines. Contrairement aux approches traditionnelles qui relèguent souvent le féminin à un rôle secondaire, la mystique kabbalistique reconnaît et vénère la force créatrice et spirituelle inhérente à la femme, la considérant comme porteuse d'une connexion spéciale avec la Divinité.

La Shekhina : La Présence Divine Féminine

Au cœur de la Kabbale, la Shekhina est la manifestation de la présence divine qui habite le monde. Elle est souvent décrite comme l'aspect féminin de Dieu, la partie de la divinité la plus proche des êtres humains, les guidant et les protégeant. La Shekhina est considérée comme la présence de Dieu dans l'univers physique et dans les affaires terrestres, connectant le ciel et la terre.

La Shekhina n'est pas seulement un concept abstrait, mais un aspect dynamique et interactif de la divinité. Elle est associée à la compassion, à la protection et à l'accueil, agissant comme la "mère cosmique" qui soutient le monde et ses créatures. En même temps, la Shekhina souffre également lorsque l'humanité s'éloigne de la divinité, comme dans les cas d'injustice et d'impureté spirituelle. Lorsque les gens commettent des actes de désharmonie, ils "exilent" la Shekhina, l'éloignant du monde et provoquant une séparation entre le divin et l'humain.

Dans ce contexte, la femme, selon la Kabbale, a une affinité particulière avec la Shekhina. Les kabbalistes enseignent que la femme, dans son essence même, est une manifestation microcosmique de cette présence divine féminine. Cela signifie que les femmes, dans leur rôle naturel, possèdent une sensibilité spirituelle unique et un pouvoir inné pour apporter lumière et harmonie au monde, reconnectant la Shekhina à la réalité matérielle.

Le Féminin Divin et la Création

Dans le mysticisme kabbalistique, le processus de création est fréquemment décrit en termes d'énergies masculines et féminines travaillant ensemble. Les Sephiroth, qui représentent les émanations divines, contiennent à la fois des éléments masculins et féminins. L'interaction entre ces énergies est essentielle au fonctionnement équilibré de l'univers.

La Sephira de Binah, par exemple, est traditionnellement associée au féminin. Elle représente la compréhension, la capacité de nourrir et de donner forme à ce qui a été conçu par la Sephira de Chokhmah, qui représente la sagesse. Tandis que Chokhmah plante la "graine" de l'idée, Binah la développe, la transformant en une réalité concrète. Ce processus est considéré comme analogue à la gestation et à la naissance dans le monde physique, où la femme joue le rôle central de nourrir et de donner la vie.

De plus, Binah est profondément connectée à l'intuition, une autre qualité associée au féminin dans la Kabbale. L'intuition est considérée comme une forme de connaissance qui transcende le raisonnement logique et linéaire, permettant à l'âme d'accéder à des vérités spirituelles plus profondes et subtiles. Cette capacité intuitive, valorisée dans la tradition kabbalistique, est considérée comme l'une des contributions les plus puissantes de la femme à l'équilibre spirituel de l'univers.

La Femme comme Gardienne du Foyer et du Sacré

Dans le monde physique, la femme a été traditionnellement associée au foyer et à la famille, mais la Kabbale voit ce rôle comme bien plus que simplement domestique. Dans la vision kabbalistique, le foyer est un espace sacré, où la présence divine peut être attirée et manifestée, et la femme est considérée comme la principale responsable de la création et du maintien de cette sainteté dans l'espace physique.

La tradition enseigne que les pratiques spirituelles quotidiennes de la femme — depuis l'allumage des bougies de Shabbat jusqu'à la Cacherout (lois alimentaires) — sont des moyens d'attirer la Shekhina dans le foyer. L'allumage des bougies de Shabbat, en particulier, est vu comme un moment où la femme illumine le monde spirituel et physique, apportant la paix et la présence divine à son foyer. En fait, le Shabbat lui-même est personnifié dans la Kabbale comme une fiancée ou une reine, une figure féminine qui symbolise l'union entre le divin et le monde.

De plus, la Kabbale enseigne que la femme a un pouvoir spécial dans ses paroles et ses actions pour influencer l'environnement spirituel qui l'entoure. Son rôle de mère, d'épouse et de soignante n'est pas seulement une responsabilité sociale, mais une fonction spirituelle élevée qui impacte directement l'équilibre cosmique. En soutenant l'harmonie et la pureté dans son foyer, la femme aide, en vérité, à apporter l'équilibre aux forces spirituelles de l'univers.

La Sagesse Secrète de la Femme

La tradition kabbalistique reconnaît que la femme possède une sagesse spirituelle unique, souvent appelée Binat Halev, "la compréhension du cœur". Cette sagesse est une forme d'intuition spirituelle qui permet à la femme de percevoir des vérités cachées et d'accéder à des niveaux de compréhension qui peuvent ne pas être immédiatement évidents pour les autres. Cette "sagesse du cœur" est considérée comme un don divin qui permet à la femme d'exercer un rôle de leadership spirituel, en particulier au sein de sa famille et de sa communauté.

Dans la Kabbale, les femmes sont souvent considérées comme détentrices d'une force spirituelle silencieuse, mais puissante. Il n'est pas rare que les histoires de grands kabbalistes soient accompagnées de récits sur les femmes de leur vie — épouses, mères, filles — qui ont joué des rôles fondamentaux dans leur développement spirituel. Ces femmes servaient fréquemment de conseillères et de guides spirituelles, aidant leurs maris ou leurs fils à atteindre des niveaux plus élevés de compréhension.

L'Équilibre des Énergies Masculines et Féminines

La Kabbale souligne l'importance de l'équilibre entre les énergies masculines et féminines, tant dans le monde extérieur qu'à l'intérieur de chaque individu. Bien que chaque être humain ait sa propre proportion d'énergies masculines et féminines, les femmes sont considérées comme naturellement plus en phase avec les énergies féminines de la création. Cependant, cet équilibre ne signifie pas qu'une énergie doit supprimer l'autre ; au contraire, la véritable harmonie est atteinte lorsque les deux énergies travaillent ensemble.

Les pratiques spirituelles kabbalistiques impliquent souvent la méditation sur ces énergies et leur intégration dans la vie quotidienne. Par exemple, dans les prières du matin ou dans les méditations sur l'Arbre de Vie, le pratiquant cherche à harmoniser en lui les qualités de Hessed (bonté, généralement associée au féminin) et de Guevourah (force, généralement associée au masculin). La femme, en particulier, est considérée comme une experte dans la manifestation de Hessed, apportant l'énergie de la compassion et de l'accueil dans le monde.

La Femme et la Transmission Spirituelle

Un autre aspect essentiel du rôle de la femme dans la Kabbale est sa fonction de transmettrice de la spiritualité aux générations futures. Cela ne se limite pas au rôle de mère biologique, mais inclut toute forme d'enseignement, d'orientation et de leadership spirituel que la femme exerce dans sa communauté. La Kabbale valorise profondément le rôle de la femme dans l'éducation spirituelle de ses enfants et dans la création d'un environnement qui favorise la croissance spirituelle.

La femme, en transmettant les valeurs spirituelles, devient un pont entre le monde physique et le monde spirituel, garantissant que la lumière de la Kabbale et du mysticisme continue de briller de génération en génération. Cette fonction de transmettre la sagesse divine est plus qu'un simple acte d'enseignement ; c'est un acte de créer et de perpétuer la présence divine dans le monde.

Le rôle de la femme dans la Kabbale va bien au-delà des conventions superficielles qui sont souvent attribuées au féminin. Elle est considérée comme une figure de force spirituelle, dotée d'une connexion spéciale avec les énergies divines et avec la Shekhina. Son pouvoir réside dans sa capacité à nourrir, protéger et illuminer tant au niveau spirituel qu'au niveau physique, devenant une gardienne des traditions sacrées et une conductrice de la lumière divine dans le monde.

En reconnaissant et en honorant son rôle, la Kabbale offre à la femme une position de profonde révérence et d'importance au sein du schéma cosmique, soulignant l'interdépendance entre les énergies masculines et féminines et l'importance des deux pour la réalisation du dessein divin.

Comprenant le rôle central de la femme dans la Kabbale, il est important d'approfondir les pratiques spirituelles spécifiques qui amplifient cette connexion avec le divin féminin. Ces pratiques, à la fois symboliques et méditatives, aident la femme à exprimer pleinement sa capacité à équilibrer les énergies féminines et masculines en elle et autour d'elle. De plus, elles fournissent des moyens pour que les femmes et les hommes puissent accéder et intégrer cette dimension spirituelle féminine dans leur vie, favorisant une harmonie cosmique.

L'Allumage des Bougies et la Lumière Intérieure

L'une des pratiques spirituelles les plus reconnues dans la tradition kabbalistique est l'allumage des bougies de Shabbat, une cérémonie profondément significative qui non seulement marque le début du jour de repos sacré, mais symbolise également l'acte d'apporter la lumière spirituelle dans le monde. Dans le mysticisme kabbalistique, la femme qui allume les bougies joue, en fait, un rôle de médiatrice de la lumière divine, invitant la présence de la Shekhina dans sa maison et dans le monde. Les bougies représentent la fusion des énergies féminines et masculines, qui s'unissent pour créer l'harmonie dans le foyer et dans l'univers.

Pendant l'allumage, la femme couvre ses yeux en faisant la bénédiction, dans un geste qui symbolise la contention de la lumière avant sa révélation. Cette pratique est une métaphore du concept kabbalistique de Tsimtsoum, dans lequel Dieu retire une partie de Sa lumière infinie pour que le monde matériel puisse exister. De la même manière, la femme qui couvre ses yeux cache temporairement la lumière physique pour permettre à la lumière spirituelle de couler et d'illuminer à la fois l'espace physique et l'espace spirituel.

L'acte d'allumer les bougies représente également la création d'un espace de paix et de sainteté. Au niveau spirituel, cela est considéré comme une façon de renforcer la connexion de la femme avec la Sephira de Binah, qui représente la compréhension et la sagesse. La méditation sur la lumière des bougies peut aider la femme à cultiver une conscience plus profonde de la divinité et de son propre rôle de gardienne de la lumière spirituelle dans le monde.

Mikvé : La Purification Féminine

Une autre pratique spirituelle centrale pour les femmes dans la Kabbale est l'immersion dans le Mikvé, le bain rituel de purification. Cette pratique, qui est liée aux lois de pureté familiale dans le judaïsme, a des racines mystiques profondes dans la tradition kabbalistique, en particulier en ce qui concerne le renouveau et la transformation spirituelle. L'immersion dans le Mikvé est considérée comme un acte de purification et de reconnexion avec le divin, symbolisant le retour à la source primordiale de la création.

Dans la Kabbale, le Mikvé est comparé au ventre maternel, représentant le renouveau et la renaissance spirituelle. En émergeant de l'eau, la femme est considérée comme étant recréée, renouvelée à la fois physiquement et spirituellement. L'eau du Mikvé, selon la Kabbale, contient une énergie spirituelle purificatrice qui nettoie non seulement le corps, mais aussi l'esprit, permettant à la femme de se reconnecter avec son essence divine.

Cette pratique est également profondément connectée au cycle de la lune et aux énergies féminines associées à la fertilité et à la création. La lune, un symbole traditionnel du féminin, est associée au cycle menstruel et au renouveau cyclique, reflétant les propres processus naturels de la vie. L'immersion dans le Mikvé, en particulier après le cycle menstruel, est considérée comme un acte d'harmonisation avec ces énergies naturelles, permettant à la femme de s'aligner avec les rythmes cosmiques de la création et de la renaissance.

Dans la tradition kabbalistique, la méditation est un outil puissant pour accéder et équilibrer les énergies spirituelles. En ce qui concerne les énergies féminines, une pratique courante implique la méditation sur les Sephiroth qui sont traditionnellement associées au féminin, comme Binah (compréhension), Malkhout (royaume) et Hessed (bonté).

Binah, comme nous l'avons vu précédemment, est associée à la compréhension profonde et à la gestation spirituelle. En méditant sur cette Sephira, la femme peut se connecter à sa capacité de créer, de nourrir et de manifester à la fois au niveau spirituel et au niveau physique. Cette méditation peut impliquer la visualisation d'une douce lumière bleue, représentant le flux de la compréhension divine qui descend sur le méditant, apportant sagesse et clarté.

Malkhout représente le royaume physique, la Sephira la plus basse de l'Arbre de Vie, qui reçoit et manifeste toutes les énergies des Sephiroth supérieures. Elle est souvent associée à la Shekhina et, par conséquent, à la présence divine dans le monde matériel. Méditer sur Malkhout peut aider la femme à se connecter à son rôle de manifestante de la présence divine sur terre, en particulier dans le cadre du foyer et de la communauté. La visualisation d'une lumière dorée ou argentée peut aider à attirer et à amplifier cette énergie de manifestation et de protection.

Hessed, la Sephira de bonté et de compassion, est une autre force féminine puissante. Elle est associée à l'amour inconditionnel et à l'acte de donner. La méditation sur Hessed implique de cultiver des sentiments de bonté et de compassion non seulement envers les autres, mais aussi envers soi-même. Visualiser un flux de lumière blanche rayonnante peut aider à éveiller ces qualités dans le cœur.

Ces méditations ne sont pas réservées aux femmes. Les hommes peuvent également les pratiquer pour se syntoniser avec les énergies féminines en eux, équilibrant le masculin et le féminin dans leur propre vie spirituelle.

Équilibre Intérieur : Intégrer le Féminin et le Masculin

Bien que la Kabbale reconnaisse et honore la nature distincte des énergies masculines et féminines, l'accent est constamment mis sur la nécessité de l'équilibre entre elles. Chaque personne, quel que soit son genre, possède en elle des aspects masculins et féminins qui doivent être harmonisés pour atteindre la plénitude spirituelle.

Pour les femmes, cet équilibre peut signifier intégrer la force et le discernement typiques des énergies masculines avec la compassion et la compréhension des énergies féminines. Les méditations qui impliquent les Sephiroth masculines, comme Guevourah (force) et

Tiphereth (beauté), peuvent aider dans ce processus d'harmonisation. De même, les hommes sont encouragés à méditer sur les Sephiroth féminines pour développer une plus grande sensibilité spirituelle et une connexion plus profonde avec la présence divine.

Dans le mysticisme kabbalistique, le concept de co-création est central. Tout comme le divin crée l'univers continuellement, les êtres humains sont considérés comme des partenaires dans ce processus de création. La femme, en particulier, est considérée comme une co-créatrice à un niveau profond, non seulement au sens physique, mais aussi au sens spirituel. Sa capacité à engendrer et à nourrir la vie se reflète dans sa capacité à co-créer avec le divin par ses actions, ses pensées et ses paroles.

Cette co-création peut se manifester de diverses manières : dans les soins apportés aux autres, dans l'éducation spirituelle des enfants, dans la création d'un foyer harmonieux et dans les contributions à la communauté. La pratique spirituelle kabbalistique invite la femme à être consciente de son rôle de créatrice et à utiliser son intuition, sa compassion et sa force pour façonner le monde qui l'entoure selon les principes divins.

Bien que de nombreuses pratiques spirituelles de la Kabbale soient spécifiques aux femmes, il est important de noter qu'elles peuvent également être réalisées de manière partagée, tant par les hommes que par les femmes, dans le but de promouvoir un plus grand équilibre et une plus grande harmonie entre les énergies masculines et féminines.

Des exercices de méditation conjoints, où le couple ou les membres de la communauté méditent sur les énergies des Sephiroth féminines et masculines, peuvent favoriser une compréhension plus profonde de l'interdépendance entre ces forces. La reconnaissance que le féminin et le masculin sont tous deux nécessaires à la création spirituelle et à l'équilibre cosmique est un principe central de la Kabbale, et les pratiques qui mettent l'accent sur cette interconnexion sont puissantes.

Le rôle de la femme dans la Kabbale est vaste et multiforme, impliquant à la fois la reconnaissance de sa connexion naturelle avec les énergies divines féminines et la pratique de rituels et de méditations qui amplifient cette connexion. En cultivant sa relation avec la Shekhina et les Sephiroth féminines, la femme non seulement renforce son propre voyage spirituel, mais contribue également à l'équilibre et à l'harmonie du monde qui l'entoure.

Ainsi, la pratique kabbalistique non seulement reconnaît, mais célèbre l'importance du féminin en tant que force créatrice, intuitive et protectrice. Que ce soit à travers les traditions du Shabbat, de l'immersion dans le Mikvé ou des méditations sur les Sephiroth, la femme est considérée comme une figure centrale dans la continuité et la manifestation de la lumière divine dans le monde.

Chapitre 21
Le Zohar
Le Livre de la Splendeur

Le Zohar, le Livre de la Splendeur, est l'une des œuvres centrales de la Kabbale et du mysticisme juif. Écrit en araméen et organisé comme un commentaire ésotérique sur la Torah, le Zohar présente une vision profonde des mystères de la création, de l'âme humaine et des interactions entre les mondes spirituel et matériel. Il est à la fois une source de sagesse et un guide spirituel pour ceux qui cherchent à comprendre la relation entre le divin et le monde physique.

L'origine exacte du Zohar fait l'objet de discussions entre les chercheurs. Traditionnellement, on pense qu'il a été révélé par le sage Rabbi Shimon bar Yochai au IIe siècle de notre ère, mais il existe un consensus sur le fait que le Zohar, tel que nous le connaissons aujourd'hui, a été compilé et diffusé par Rabbi Moïse de Léon au XIIIe siècle en Espagne. Indépendamment de son origine, le Zohar contient des enseignements profonds qui transcendent le temps et continuent d'inspirer les pratiquants de la Kabbale à travers le monde.

Le Zohar est un texte volumineux, divisé en différentes parties et traités. Il couvre divers thèmes allant des interprétations mystiques de la Torah aux descriptions détaillées des mondes spirituels et des processus qui gouvernent la création. Bien qu'il soit difficile de résumer tout le contenu du Zohar en quelques mots, certains de ses thèmes centraux incluent :

La Création : Le Zohar explore comment le monde physique a été créé à partir des émanations divines, ou Sephiroth. Il décrit le processus par lequel Dieu, à travers différents stades d'occultation et de révélation de Sa lumière, a donné naissance à l'univers. Le concept d'Ein Sof, la Lumière Infinie qui précède toute création, est l'un des fondements de ces enseignements.

L'Arbre de Vie : L'un des symboles centraux du Zohar est l'Arbre de Vie, une représentation des dix Sephiroth. Le Zohar explique comment ces Sephiroth interagissent entre elles, formant un réseau de forces qui gouvernent à la fois le monde spirituel et le monde matériel. Chaque Sephirah est associée à un aspect spécifique de la manifestation divine, et l'étude du Zohar aide à comprendre comment ces émanations fonctionnent en harmonie.

L'Homme et l'Âme : Le Zohar offre une vision détaillée de l'âme humaine, expliquant comment elle est composée de différents niveaux (tels que Nefesh, Ruach et Neshamah). Il décrit également le voyage de l'âme à travers les réincarnations et sa connexion avec l'univers. L'idée que l'âme humaine reflète le macrocosme est centrale dans le Zohar, suggérant que chaque personne a le potentiel de participer au processus de création divine.

La Dualité et l'Unité : Le Zohar explore fréquemment la tension entre les forces opposées de lumière et d'obscurité, de bien et de mal, de masculin et de féminin. Ces forces, bien qu'apparemment antagonistes, sont nécessaires pour maintenir l'équilibre de la création. Le Zohar enseigne qu'en équilibrant ces énergies en soi, l'être humain peut s'aligner sur l'unité divine et atteindre une harmonie spirituelle plus élevée.

La Shekhinah et la Rédemption : La Shekhinah, la présence divine féminine, occupe une place centrale dans le Zohar. Elle est considérée comme la force qui réside dans le monde matériel, mais aussi comme une entité qui cherche à se réunifier avec son aspect masculin, représenté par les Sephiroth supérieures. Le Zohar parle de la nécessité de corriger la séparation entre ces forces comme une étape cruciale pour la rédemption du monde et le rétablissement de l'harmonie cosmique.

Étudier le Zohar nécessite non seulement une connaissance approfondie de la Torah et de la Kabbale, mais aussi une disposition spirituelle à contempler ses significations cachées. Le Zohar n'est pas un texte qui peut être lu de manière linéaire ou superficielle. Au contraire, il a été conçu pour être étudié de manière répétée, de nouvelles couches de signification étant révélées à chaque lecture. C'est pourquoi de nombreuses écoles kabbalistiques recommandent que l'étude du Zohar soit accompagnée d'un maître ou d'un guide spirituel, quelqu'un qui a l'expérience nécessaire pour aider à interpréter ses passages.

Le Zohar utilise un langage symbolique riche, souvent rempli de métaphores et d'allégories qui, à première vue, peuvent sembler obscures. C'est parce que le Zohar a été écrit pour cacher ses secrets aux non-initiés, réservant ses révélations à ceux qui sont prêts à les recevoir. Beaucoup de ses textes ont été organisés de manière à stimuler une méditation profonde, guidant l'étudiant dans un voyage intérieur.

L'une des techniques les plus puissantes pour l'étude du Zohar est la méditation sur ses mots. De nombreux kabbalistes croient que la simple lecture ou récitation des textes du Zohar a un effet spirituel, même si le sens littéral n'est pas complètement compris. La vibration des mots araméens et hébraïques, selon ces enseignements, a le pouvoir d'influencer les énergies spirituelles, créant une connexion directe avec les mondes supérieurs.

L'Impact du Zohar sur la Kabbale et la Spiritualité Juive

Le Zohar a joué un rôle crucial dans le développement de la Kabbale et a profondément façonné le mysticisme juif. Il a offert aux pratiquants de la Kabbale une structure complexe pour comprendre la création et sa relation avec Dieu, mais a également fourni un chemin spirituel qui met l'accent sur le rôle actif de l'être humain dans la correction du monde, le Tikoun Olam.

Au fil des siècles, le Zohar a inspiré de nombreuses figures importantes de l'histoire de la Kabbale, comme le rabbin Isaac Luria, également connu sous le nom d'Ari. Les interprétations lurianiques du

Zohar ont donné naissance à la Kabbale Lurianique, une école de pensée qui a encore élargi les concepts présentés dans le Zohar, en particulier en ce qui concerne le rôle de l'homme dans le processus de réparation du cosmos.

De plus, le Zohar a eu un impact profond sur le judaïsme hassidique, qui a émergé en Europe de l'Est au XVIIIe siècle. Les maîtres hassidiques, comme le Baal Shem Tov, ont utilisé le Zohar pour enseigner que Dieu est présent dans tous les aspects de la vie quotidienne, et que le service de Dieu ne se limite pas seulement aux moments de prière ou d'étude, mais doit se manifester dans chaque action.

De nos jours, le Zohar continue d'être étudié par des millions de personnes à travers le monde. L'augmentation de l'intérêt pour la spiritualité et le mysticisme au cours des dernières décennies a conduit de nombreuses personnes, y compris celles qui ne sont pas juives, à explorer les enseignements du Zohar comme une source de sagesse spirituelle et de connaissance de soi.

Des groupes d'étude et des académies dédiées à la Kabbale promeuvent la lecture et l'interprétation du Zohar, tant en hébreu que dans des traductions vers d'autres langues, permettant aux connaissances contenues dans ce texte sacré d'être plus accessibles que jamais. Cependant, de nombreux kabbalistes traditionnels soutiennent encore que le Zohar doit être étudié avec révérence et prudence, dans le contexte plus large de la tradition kabbalistique.

Le Zohar est une œuvre extraordinaire, un véritable joyau de la pensée mystique qui transcende les barrières du temps et de la culture. Il offre une vision unique et transformatrice de la relation entre Dieu, la création et l'âme humaine. Pour ceux qui cherchent à explorer les mystères de l'existence et les profondeurs du spirituel, le Zohar est à la fois un défi et un trésor, révélant, couche par couche, les secrets de l'univers.

En étudiant le Zohar, le lecteur est invité à entreprendre un voyage spirituel qui non seulement illumine le chemin de l'âme, mais révèle également les dimensions cachées de la réalité, ouvrant une porte à la véritable compréhension du divin et de notre place au sein de la création.

Étudier le Zohar exige plus qu'une simple compréhension intellectuelle ; il faut aussi un engagement spirituel profond. L'approche du Zohar est multidimensionnelle, et l'étude de ses textes implique l'ouverture de l'esprit et du cœur pour capter ses révélations. La tradition kabbalistique enseigne qu'il existe des manières spécifiques d'accéder aux secrets du Zohar, chacune d'elles étant destinée à guider l'étudiant vers l'illumination spirituelle et la communion avec le divin.

Lecture Méditative du Zohar

L'un des premiers pas pour étudier le Zohar de manière pratique est d'apprendre à réaliser la lecture méditative, une méthode qui combine la récitation des textes avec la concentration spirituelle. Cette pratique implique non seulement de lire les mots, mais de leur permettre de pénétrer dans l'esprit et l'âme, activant des énergies spirituelles profondes.

Les kabbalistes suggèrent que la lecture du Zohar peut être faite à voix haute, avec une intonation soignée, en prêtant attention à la sonorité des mots araméens. La langue du Zohar porte, en elle-même, un pouvoir mystique ; les mots, même lorsqu'ils ne sont pas complètement compris, ont la capacité d'élever la conscience. La récitation est accompagnée d'une intention (kavanah), une orientation de l'esprit pour se connecter avec la lumière divine.

La pratique méditative n'exige pas la compréhension littérale de chaque passage, mais plutôt l'immersion dans la vibration spirituelle que les textes procurent. Certaines sections sont étudiées pour leur effet direct sur l'état d'esprit du lecteur, tandis que d'autres, plus complexes, demandent l'aide d'un maître expérimenté. Les étudiants sont encouragés à lire le Zohar dans des moments de silence ou après la prière, permettant à sa sagesse d'imprégner leurs réflexions.

Étudier le Zohar en groupe est une tradition importante dans le mysticisme kabbalistique. Se réunir avec d'autres étudiants crée une atmosphère spirituelle qui facilite l'ouverture des canaux de compréhension profonde. Dans les cercles d'étude kabbalistique, la lecture en commun potentialise l'énergie spirituelle du Zohar, aidant chaque individu à accéder à ses révélations de manière plus efficace.

Pendant les rencontres, chaque participant peut partager ses intuitions, ses expériences et ses questions, favorisant un environnement d'apprentissage collectif.

Cela est en accord avec l'idée que le Zohar, étant une œuvre mystique, a été conçu pour être exploré de manière communautaire, permettant à différentes perspectives et niveaux de compréhension de contribuer à la construction d'une vision plus complète.

De plus, les sessions d'étude en groupe incluent généralement des discussions sur la manière d'appliquer les principes kabbalistiques appris lors des lectures à la vie pratique. Comme le Zohar traite de thèmes tels que la correction personnelle et l'élévation de l'âme, les interactions entre les étudiants apportent souvent des éclairages pratiques sur la manière de transformer ces leçons en actions quotidiennes. Certaines parties du Zohar sont particulièrement puissantes pour la méditation et les pratiques spirituelles axées sur la guérison, la protection ou l'élévation de l'âme. Voici quelques-unes des sections recommandées pour l'étude méditative, ainsi que leurs applications respectives.

Introduction au Zohar (Hakdamat Zohar) – Cette section initiale offre une vue d'ensemble de la structure de l'univers spirituel et des énergies qui façonnent le monde. La méditation sur ce texte est indiquée pour ceux qui recherchent une vision globale du but de la création et de leur propre rôle dans le voyage spirituel.

L'Idra Rabba – L'un des textes les plus profonds et ésotériques du Zohar, il décrit la révélation divine dans un contexte d'intense spiritualité. L'étude de l'Idra Rabba est suggérée pour ceux qui possèdent déjà une certaine base d'étude kabbalistique et sont prêts à pénétrer des mystères plus profonds sur la création et la manifestation de la lumière divine.

L'Idra Zuta – Ce texte se concentre sur le mystère de la mort et de la rédemption, explorant la transition de l'âme du monde physique au monde spirituel. Méditer sur cette section peut apporter une plus grande compréhension de l'impermanence et du processus d'ascension spirituelle après la mort.

Les Tikunim – La méditation sur les Tikunim, ou corrections, décrites dans le Zohar, est une pratique puissante pour ceux qui cherchent une transformation personnelle et spirituelle. Ces sections traitent de la nécessité de corriger les déséquilibres dans les Sephiroth et de s'aligner sur l'harmonie divine.

Le Cantique des Cantiques dans le Zohar – Le Zohar offre une interprétation mystique de ce texte biblique, révélant les secrets de l'union entre l'âme et Dieu. Méditer sur le Cantique des Cantiques dans le contexte du Zohar est une pratique spirituelle pour ceux qui souhaitent approfondir leur connexion avec le divin à travers l'amour et la dévotion.

La kavanah, ou intention, est l'un des aspects les plus essentiels lors de l'étude et de la pratique du Zohar. Elle se réfère à la qualité de l'attention et du but spirituel que le pratiquant apporte à l'étude. Plus qu'une simple attitude mentale, la kavanah est une manière de concentrer l'esprit et le cœur vers le but spirituel désiré.

Lors de l'étude du Zohar, la kavanah peut varier selon l'objectif de la méditation. Par exemple, si le pratiquant recherche la sagesse sur la création de l'univers, la kavanah peut être dirigée vers la contemplation de l'Ein Sof (la Lumière Infinie) et des émanations des Sephiroth. Pour ceux qui cherchent la guérison ou la protection spirituelle, la kavanah peut être ajustée pour la réception des bénédictions divines qui affluent à travers les mots du Zohar.

Il est dit que, sans la kavanah adéquate, l'étude du Zohar perd une partie de son efficacité spirituelle. Par conséquent, les pratiquants sont encouragés à aligner leurs pensées et leurs désirs sur les objectifs spirituels décrits dans les textes, créant un pont entre le monde physique et les réalités spirituelles plus élevées.

Bien qu'il soit possible d'explorer le Zohar de manière individuelle, la tradition kabbalistique souligne l'importance d'étudier avec un maître expérimenté. Cela est dû au fait que les textes du Zohar sont complexes et souvent énigmatiques, contenant des couches de signification qui ne sont pas toujours évidentes pour le lecteur débutant.

Le rôle d'un professeur est de guider l'étudiant à travers les interprétations les plus profondes du texte, en aidant à révéler les secrets cachés et à appliquer les enseignements de manière pratique et pertinente. Un maître de Kabbale peut fournir des explications détaillées sur les passages les plus difficiles, et également guider les élèves dans la pratique de la méditation et de la kavanah.

Dans les traditions kabbalistiques anciennes, l'étude du Zohar était souvent réservée aux étudiants les plus avancés, ceux qui avaient déjà maîtrisé d'autres domaines de la connaissance mystique. Cela garantissait que les pratiquants étaient spirituellement préparés à gérer les intuitions puissantes et, parfois, déstabilisantes contenues dans le Zohar. Bien qu'aujourd'hui le Zohar soit plus largement accessible, la valeur de l'aide d'un maître reste inestimable.

Dans les temps modernes, le Zohar continue d'être une source d'inspiration et de transformation pour ceux qui recherchent un chemin spirituel profond. L'étude du Zohar n'est pas seulement un exercice académique ; c'est un engagement envers l'évolution spirituelle. À mesure que le monde fait face à des défis de nature matérielle et spirituelle, le Zohar offre des réponses qui parlent directement à l'essence de l'existence humaine et au rôle de l'humanité dans le Tikoun Olam, la correction du monde. Avec la croissance de l'intérêt mondial pour la spiritualité et le mysticisme, le Zohar a été traduit et diffusé dans plusieurs langues, rendant ses enseignements accessibles à des personnes de différentes origines. Cependant, même avec cette large diffusion, les enseignements du Zohar conservent leur caractère ésotérique, ne se révélant véritablement qu'à ceux qui sont prêts à les recevoir.

La pratique de l'étude du Zohar est un voyage continu d'auto-découverte et d'élévation spirituelle. Le lecteur, en plongeant dans les textes du Zohar, n'acquiert pas seulement des connaissances, mais se transforme également. La sagesse contenue dans ce livre est une porte d'entrée vers les mystères de la création et de l'âme, une invitation à participer au processus continu de correction et de renouveau qui imprègne toute l'existence.

Chapitre 22
Kabbale et Prospérité Matérielle

La relation entre spiritualité et prospérité matérielle est une question ancienne et fondamentale au sein de la Kabbale. Contrairement à ce que l'on pourrait imaginer, la Kabbale ne considère pas le monde matériel comme quelque chose à rejeter ou à séparer de la quête spirituelle. Au contraire, elle enseigne que l'équilibre entre le matériel et le spirituel est essentiel pour la réalisation du but de la vie et pour l'accomplissement de la mission divine de chaque être humain.

La Kabbale reconnaît que le monde matériel est une expression de la divinité et, par conséquent, la prospérité matérielle est non seulement permise, mais aussi encouragée, à condition qu'elle soit alignée sur des valeurs spirituelles élevées. Le défi n'est pas de posséder des biens matériels, mais de s'assurer que ces biens sont au service du but spirituel.

Dans la vision kabbalistique, le concept de prospérité est enraciné dans l'idée que Dieu a créé le monde pour qu'il soit abondant et plein. La prospérité matérielle est une manière de manifester l'abondance divine dans le monde physique. Cependant, cette abondance ne doit pas être confondue avec l'accumulation égoïste de richesses. Le but de la prospérité, selon la Kabbale, est de permettre aux personnes d'accomplir leurs missions spirituelles avec plus d'efficacité et de contribuer au Tikoun Olam, la réparation du monde.

La prospérité est donc considérée comme un outil qui peut être utilisé pour construire un monde plus juste et équilibré. Lorsque la richesse est générée et utilisée de manière éthique et consciente, elle devient une bénédiction, aidant à élever le monde physique à son potentiel spirituel. Dans ce contexte, le véritable succès ne se mesure pas à la quantité de biens matériels que l'on possède, mais à l'impact positif que ces ressources ont sur la vie de l'individu et sur la communauté.

La Kabbale enseigne que les énergies divines, manifestées dans les Sefirot, jouent également un rôle important dans la manière dont la prospérité matérielle est comprise et vécue. Chaque Sefirah, ou émanation divine, porte une qualité particulière qui peut influencer la façon dont nous interagissons avec la richesse et les ressources matérielles.

Chessed (Bonté) : La Sefirah de Chessed est associée à la générosité et au flux abondant de bénédictions. Elle représente l'ouverture et la disposition à partager, démontrant que la vraie prospérité implique de donner aux autres et de participer au flux de l'abondance divine.

Guebourah (Force) : Guebourah, d'autre part, symbolise la restriction et la maîtrise de soi. Elle nous enseigne que la prospérité matérielle doit être équilibrée avec responsabilité et discipline. La capacité de gérer les ressources matérielles avec sagesse est fondamentale pour garantir que la richesse ne soit pas un obstacle à la croissance spirituelle.

Tiferet (Beauté) : Tiferet est la Sefirah qui équilibre Chessed et Guebourah. Elle représente l'harmonie et l'équilibre entre le donner et le recevoir. Dans le contexte de la prospérité matérielle, Tiferet nous rappelle qu'il est important de trouver un juste milieu, où la générosité est équilibrée par une gestion prudente des ressources.

Ces trois Sefirot — Chessed, Guebourah et Tiferet — fournissent une base solide pour la compréhension kabbalistique de la prospérité. Elles nous enseignent que la richesse, lorsqu'elle est équilibrée par la bonté, la maîtrise de soi et l'harmonie, peut être un outil puissant pour la transformation personnelle et sociale.

La Kabbale met l'accent sur le rôle du libre arbitre dans la manière dont nous interagissons avec le monde matériel. Nous sommes constamment confrontés à des choix qui impliquent la manière dont nous gérons l'argent et les biens matériels. Ces choix reflètent notre niveau de conscience spirituelle. L'argent, étant une forme d'énergie, peut être canalisé vers le bien ou vers l'égoïsme, et ce choix appartient à chaque individu.

Le libre arbitre est fondamental pour la compréhension kabbalistique de la prospérité. La richesse peut être à la fois une bénédiction et une malédiction, selon la manière dont elle est utilisée. Si quelqu'un recherche la richesse exclusivement pour des raisons égoïstes, l'accumulation de biens matériels peut devenir une prison spirituelle. D'un autre côté, si la prospérité est recherchée avec l'intention de promouvoir le bien-être et le progrès spirituel, elle devient une force puissante pour le bien.

Cette distinction est vitale, car elle reflète la vision de la Kabbale selon laquelle le but de la vie n'est pas simplement d'accumuler des richesses, mais de les utiliser de manière à contribuer au bien commun. Le libre arbitre nous donne le pouvoir de choisir ce que nous faisons avec les ressources que nous recevons, et c'est ce choix qui définit notre chemin spirituel.

Un autre point central dans l'approche kabbalistique de la prospérité est l'idée que le travail est une forme d'expression spirituelle. Le travail, dans la Kabbale, n'est pas seulement un moyen de gagner sa vie ; c'est une opportunité de participer à l'acte continu de la création. En travaillant avec intégrité et avec un but élevé, l'individu s'aligne sur le flux divin d'énergie créatrice.

Le Zohar, l'un des textes centraux de la Kabbale, enseigne que la force vitale de chaque personne est canalisée vers le travail qu'elle accomplit. Par conséquent, le travail ne doit pas être considéré comme une obligation ou un fardeau, mais comme une façon d'apporter de la lumière au monde. Lorsque le travail est fait avec la bonne intention — pour le bénéfice de l'âme et du monde — il se transforme en une pratique spirituelle en soi.

Le concept kabbalistique d'Avodah, qui signifie à la fois "travail" et "service", reflète cette idée. Le travail est une forme de service à Dieu, contribuant à l'élévation du monde matériel. Cela inclut à la fois le travail professionnel et le travail intérieur d'amélioration personnelle et de correction personnelle.

L'un des principes les plus importants de la Kabbale en relation avec la prospérité est le concept de Tsedaka, qui signifie charité, mais aussi justice. Dans la vision kabbalistique, la richesse s'accompagne de la responsabilité de partager et d'aider ceux qui sont dans le besoin. L'acte de donner aux autres n'est pas seulement un choix moral, mais une pratique spirituelle fondamentale.

La Tsedaka est considérée comme un moyen puissant d'élever l'âme et de transformer l'énergie matérielle en spiritualité. En donnant aux autres, l'individu participe au flux divin de bénédictions, s'ouvrant à recevoir davantage en retour. Cela ne doit pas être vu comme un échange matérialiste, mais comme une réciprocité spirituelle : en partageant la prospérité, l'individu s'aligne sur le principe universel selon lequel l'abondance doit circuler.

De plus, la pratique de la Tsedaka est l'une des méthodes les plus directes pour corriger la conscience égoïste qui peut accompagner l'accumulation de richesse. En donnant, l'individu se détache de l'attachement au matérialisme et renforce l'idée que la vraie prospérité se mesure à l'impact positif que l'on a sur le monde.

La Kabbale enseigne que le véritable secret de la prospérité matérielle réside dans le détachement. Paradoxalement, moins nous sommes attachés à la richesse matérielle, plus nous sommes ouverts à recevoir les bénédictions de l'abondance divine. L'attachement excessif aux biens matériels peut créer des blocages spirituels, éloignant la personne de la véritable source d'abondance, qui est la lumière divine.

Le détachement, dans la Kabbale, ne signifie pas renoncer aux biens matériels, mais comprendre qu'ils sont temporaires et que leur valeur réelle réside dans la manière dont ils sont utilisés pour promouvoir le bien. La prospérité matérielle doit être considérée comme un outil pour la réalisation spirituelle, et non comme une fin en soi. En pratiquant le détachement, l'individu s'ouvre au flux de l'abondance et apprend à vivre en harmonie avec les lois spirituelles de l'univers.

La prospérité matérielle, selon la Kabbale, ne concerne pas seulement la richesse physique, mais la manière dont cette richesse est obtenue, gérée et utilisée. Elle est une manifestation de l'équilibre entre le spirituel et le matériel, un reflet du libre arbitre et une opportunité de pratiquer le service divin à travers le travail et la charité. Le véritable but de la richesse, dans la Kabbale, est de contribuer au bien commun, en promouvant le Tikoun Olam et en s'alignant sur la lumière divine.

Dans la deuxième partie de la discussion sur la prospérité matérielle au sein de la Kabbale, il est essentiel d'approfondir la manière dont ces enseignements peuvent être appliqués dans la vie pratique de l'individu. La Kabbale n'offre pas seulement une vision philosophique ou théologique, mais un ensemble d'orientations pratiques pour que l'être humain puisse harmoniser sa relation avec la richesse et l'utiliser comme un outil de croissance spirituelle.

Le concept de Kavanah, ou intention, est central dans toutes les pratiques kabbalistiques, et la question de la prospérité matérielle ne fait pas exception. Dans la Kabbale, l'intention avec laquelle un acte est accompli est aussi importante que l'acte lui-même. Lorsqu'une personne recherche la prospérité matérielle, la question qu'elle doit se poser est : "Pourquoi est-ce que je recherche cette richesse ? Comment cela m'aidera-t-il à servir un but plus grand ?"

Pour s'aligner sur la prospérité spirituelle, il est important de définir une intention claire et élevée pour l'utilisation des ressources matérielles. En travaillant, en entreprenant ou en cherchant des opportunités financières, la Kavanah doit être non seulement le bénéfice personnel, mais comment cette prospérité peut être utilisée pour le bien commun. La Kabbale enseigne que, lorsque l'on a l'intention de servir l'univers et de contribuer au Tikoun Olam, le flux de bénédictions financières tend à s'ouvrir de manière plus naturelle et abondante.

La Kabbale offre des pratiques méditatives qui peuvent aider à aligner l'esprit avec l'abondance divine et à éliminer les blocages qui empêchent le flux de la prospérité. L'une de ces méditations implique l'utilisation des Sefirot, les émanations divines qui servent de canaux d'énergie entre le monde spirituel et le matériel. Méditer sur les Sefirot peut aider à cultiver une mentalité d'abondance, en se concentrant sur l'équilibre et l'harmonie.

L'une des méditations les plus puissantes pour la prospérité matérielle implique la Sefirah de Tiferet, qui représente l'harmonie et l'équilibre entre le donner et le recevoir. Pour pratiquer cette méditation, le lecteur peut imaginer l'énergie de Tiferet comme une lumière dorée qui descend du plan supérieur vers le cœur, irradiant l'harmonie entre ses besoins matériels et son but spirituel. Tout en respirant profondément, visualisez cette lumière se répandant dans tous les domaines de votre vie qui sont liés à la prospérité — travail, finances, projets personnels. L'intention ici est de cultiver la conscience que la prospérité n'est pas quelque chose de séparé du spirituel, mais une expression harmonieuse du même flux divin.

Cette pratique de visualisation peut être accompagnée d'une simple prière kabbalistique : "Que ma prospérité soit le reflet de l'harmonie entre mon esprit et mes actions dans le monde." Répétée régulièrement, cette méditation aide à aligner la conscience sur le but supérieur de l'abondance. Le travail est un autre aspect fondamental de la manifestation de la prospérité matérielle. Comme nous l'avons vu précédemment, la Kabbale considère le travail comme une forme d'Avodah, ou service divin. Pour transformer le travail en une pratique spirituelle, il est crucial de cultiver une mentalité de but et de présence.

La pratique kabbalistique encourage l'individu, avant de commencer tout travail, à faire une brève pause pour se connecter à l'intention spirituelle de ce qu'il est sur le point d'accomplir. Cela peut être fait par une prière silencieuse ou une réflexion, demandant que le travail qui sera accompli apporte des bénéfices non seulement au travailleur, mais aussi à ceux qui seront impactés par les résultats de ce travail. En adoptant cette pratique quotidienne, le lecteur peut commencer à transformer sa routine de travail en une activité spirituellement significative, et non plus seulement un moyen d'atteindre la richesse.

La Kabbale enseigne que la richesse matérielle doit être utilisée de manière consciente et éthique. L'une des pratiques fondamentales pour s'assurer que la prospérité est utilisée correctement est la dîme, ou Maasser. Dans la tradition kabbalistique, le Maasser est la pratique de donner un pourcentage des gains (généralement 10%) à des fins caritatives ou pour aider les moins fortunés.

Cette pratique n'est pas seulement un acte de charité, mais aussi une façon de purifier la richesse matérielle. L'argent, étant une forme d'énergie, peut porter en lui des énergies négatives, surtout lorsqu'il est obtenu de manière déséquilibrée. En donnant une partie de cette richesse pour le bien d'autrui, la personne "purifie" le reste, le rendant plus susceptible d'apporter des bénédictions et de l'abondance. La pratique du Maasser renforce également le détachement et la compréhension que la prospérité n'est pas une fin en soi, mais un outil pour servir les autres.

De plus, l'acte de donner aide à briser le cycle de l'attachement au matérialisme, créant un espace pour que davantage de bénédictions puissent affluer. La Kabbale enseigne qu'en donnant généreusement, la personne s'ouvre à recevoir davantage, car elle s'aligne sur le flux divin d'abondance.

Un autre aspect important dans la recherche de la prospérité matérielle est la protection spirituelle. Souvent, en cherchant le succès matériel, les gens peuvent s'exposer à des influences négatives — tant externes qu'internes, comme l'orgueil, la cupidité et la tentation de nuire aux autres pour atteindre leurs objectifs.

La Kabbale offre plusieurs pratiques pour protéger l'esprit pendant ce voyage. L'une d'elles est l'utilisation des Noms Divins dans la méditation et la prière. Par exemple, le Tétragramme YHVH, qui représente l'essence du divin, peut être chanté ou visualisé dans les moments de doute ou de tentation. Visualiser le nom divin enveloppant le corps de lumière, le protégeant des énergies négatives et maintenant l'esprit clair et concentré, est une pratique simple mais puissante.

De plus, la pratique de Hakarat HaTov — la reconnaissance de la bonté — est un moyen de protéger l'âme contre les dangers de l'insatisfaction et du désir insatiable. En reconnaissant et en remerciant pour les bénédictions déjà reçues, l'individu reste ancré dans le présent, évitant le piège de chercher toujours plus sans but. La gratitude active l'énergie positive et protège contre les aspects destructeurs de la cupidité et du matérialisme. Parfois, malgré les meilleures intentions, les gens peuvent sentir qu'il y a des blocages dans leur flux de prospérité. La Kabbale reconnaît que le flux d'énergie peut être interrompu par des blocages spirituels et émotionnels, tels que des croyances limitantes sur l'argent, la peur du manque ou la culpabilité par rapport à la richesse.

Une manière pratique de faire face à ces blocages est la pratique de Heshbon HaNefesh, le bilan spirituel. Cela implique une auto-évaluation régulière, où l'individu réfléchit à ses attitudes par rapport à la prospérité, identifiant les peurs, les croyances limitantes ou les comportements auto-saboteurs. Des questions telles que "Est-ce que j'utilise mes ressources de manière équilibrée ?", "Ai-je peur de ne pas en avoir assez ?" ou "Comment puis-je utiliser ma richesse pour servir le monde ?" sont essentielles pour réaligner le flux énergétique.

Après avoir identifié les blocages, des pratiques de purification comme l'utilisation de la Mikvé, le bain rituel kabbalistique, peuvent être incorporées pour nettoyer l'énergie stagnante et rouvrir les canaux d'abondance. Ces pratiques renforcent l'idée que la prospérité est le reflet de l'état intérieur, et que nettoyer et aligner l'âme est fondamental pour attirer la prospérité matérielle.

Enfin, la prière joue un rôle vital dans la manifestation de la prospérité matérielle. Dans la Kabbale, des prières spécifiques, comme celles que l'on trouve dans le Livre des Psaumes, sont utilisées pour invoquer l'abondance et la protection divine sur les finances. L'un des Psaumes les plus utilisés à cette fin est le Psaume 23, qui parle de la confiance en la providence divine : "L'Éternel est mon berger, je ne manquerai de rien."

La pratique quotidienne de prières de gratitude et de demandes d'orientation divine sur les finances aide à maintenir l'esprit connecté au but supérieur de la prospérité, évitant que la recherche de la richesse ne devienne un piège pour l'ego. Ces prières peuvent être faites dans les moments d'incertitude financière, ou simplement comme un moyen de maintenir une gratitude constante pour la prospérité déjà atteinte.

La prospérité matérielle, lorsqu'elle est alignée avec la spiritualité, devient une force transformatrice, tant pour l'individu que pour le monde qui l'entoure. La Kabbale nous enseigne que la véritable richesse ne réside pas seulement dans la possession de biens matériels, mais dans l'utilisation sage et éthique de ces ressources pour servir un but plus grand. En appliquant les pratiques kabbalistiques — des méditations à la dîme, en passant par la gratitude et la prière — le lecteur peut transformer sa relation avec la prospérité, l'attirant de manière équilibrée et harmonieuse.

Chapitre 23
Les 72 Noms de Dieu

Dans la Kabbale, les 72 Noms de Dieu forment une séquence sacrée de lettres, chacune contenant de puissantes énergies spirituelles qui peuvent être utilisées pour la transformation, la protection et l'élévation. Ces Noms ne sont pas des noms au sens traditionnel, mais des combinaisons de trois lettres hébraïques extraites d'un passage spécifique de la Torah. Ils représentent différents aspects de la divinité, et chaque Nom reflète une énergie spécifique qui peut être invoquée par le biais de méditations, de prières et de pratiques kabbalistiques.

L'origine des 72 Noms de Dieu remonte à un épisode de la Torah, lorsque Moïse et le peuple d'Israël se trouvaient devant la mer Rouge. La tradition kabbalistique enseigne que trois versets consécutifs du Livre de l'Exode (14:19-21), composés de 72 lettres chacun, fournissent le code de ces noms sacrés. Lorsqu'elles sont organisées en combinaisons de trois lettres, ces séquences forment les 72 expressions de la puissance divine, qui peuvent être utilisées pour accéder à différents types d'énergie spirituelle.

Les 72 Noms de Dieu ne doivent pas être considérés simplement comme des mots mystiques ou des concepts abstraits. Chacune de ces combinaisons représente une clé permettant d'accéder à des réalités spirituelles supérieures et à des énergies qui peuvent influencer directement le monde physique et l'âme humaine. Les kabbalistes enseignent que, derrière chaque Nom, il existe un portail qui relie le chercheur à l'essence divine, permettant l'invocation de bénédictions, de protection et de guérison.

Chacune des 72 combinaisons est composée de trois lettres hébraïques qui correspondent à un aspect spécifique de la création et de la divinité. Ces noms sont utilisés dans les pratiques spirituelles kabbalistiques comme un moyen de canaliser ces énergies de manière pratique et directe. Différents noms peuvent être utilisés à des fins différentes, comme la guérison physique, la protection contre les influences négatives, l'augmentation de l'intuition spirituelle ou le dépassement des défis.

L'aspect le plus puissant des 72 Noms de Dieu est leur capacité à connecter le pratiquant directement à l'énergie pure de la création. En méditant sur ces combinaisons, le lecteur peut débloquer de nouvelles réalités et des transformations internes qui ont un impact positif sur son environnement extérieur.

La pratique des 72 Noms de Dieu implique la méditation et la visualisation. Le pratiquant se concentre sur la séquence de lettres hébraïques, souvent en les imaginant dans son esprit ou en les visualisant comme si elles brillaient d'une lumière divine. L'objectif est de se connecter à l'énergie associée au nom spécifique, en permettant à sa force d'entrer dans la vie du pratiquant.

Les kabbalistes enseignent que chacun des 72 Noms agit comme une sorte d'"outil spirituel" qui peut être utilisé pour atteindre un objectif particulier. Ces objectifs peuvent aller du renforcement spirituel, de la protection contre les énergies négatives, à la guérison physique et émotionnelle.

Par exemple, le Nom Aleph-Lamed-Dalet (ALD) est associé à la protection contre le mal et les énergies négatives. Visualiser ces trois lettres pendant la méditation peut aider à créer un bouclier protecteur autour de la personne, en éloignant les influences destructrices. D'autre part, le Nom Mem-He-Shin (MHS) est utilisé pour la guérison et la restauration. En se concentrant sur cette combinaison pendant la méditation, le pratiquant peut canaliser l'énergie curative vers lui-même ou vers d'autres personnes.

Le pouvoir des 72 Noms de Dieu peut être appliqué dans divers domaines de la vie. Des questions pratiques, comme la prise de décisions importantes, aux dilemmes spirituels, la pratique avec ces noms offre un moyen direct d'accéder au soutien spirituel. Chaque Nom correspond à un besoin ou à un défi spécifique et peut être utilisé pour faire face à des situations variées. Voici quelques façons d'appliquer les 72 Noms dans la vie quotidienne :

Protection Spirituelle : Beaucoup de Noms sont utilisés pour créer une barrière protectrice contre les forces négatives. Méditer avec les Noms de protection avant une réunion importante ou dans des moments d'incertitude peut apporter plus de clarté et de sécurité. Le Nom Samech-Aleph-Lamed (SAL) est particulièrement efficace pour la protection contre la négativité et l'envie.

Guérison : Des Noms comme Mem-He-Shin (MHS) sont utilisés dans les pratiques de guérison. Ces méditations peuvent être dirigées vers une partie spécifique du corps ou vers le champ énergétique dans son ensemble, aidant à restaurer l'équilibre physique et émotionnel. La guérison ne se limite pas au corps physique ; elle peut être appliquée à la guérison émotionnelle et spirituelle, aidant à libérer les blocages ou les traumatismes.

Surmonter les Défis : Face à des difficultés, le Nom Aleph-Kaf-Aleph (AKA) peut être invoqué pour surmonter les obstacles et trouver la force dans les moments d'adversité. La visualisation de ce Nom pendant la méditation aide le pratiquant à accéder au courage et à la résilience.

Sagesse et Clarté Spirituelle : Pour ceux qui cherchent des réponses ou une plus grande compréhension spirituelle, le Nom Yod-Lamed-Yod (YLY) est un outil précieux. Il aide à ouvrir l'esprit à la sagesse et à la clarté dans des situations qui semblent confuses ou obscures.

Équilibre Émotionnel : Si le pratiquant sent que ses émotions sont déséquilibrées ou qu'il est pris dans des cycles d'anxiété ou de stress, le Nom Hey-Hey-Ayin (HHA) peut être utile. Ce Nom favorise la sérénité et l'harmonie, aidant à aligner les émotions avec l'âme.

Visualiser les 72 Noms de Dieu pendant la méditation est une technique fondamentale dans la Kabbale. La visualisation implique de se concentrer sur les lettres hébraïques et de les voir non seulement comme des symboles statiques, mais comme des portails de lumière vivante, rayonnant d'énergie divine. Cette pratique doit être accompagnée de respirations profondes et d'une intention claire. L'intention est ce qui dirige l'énergie des Noms, leur permettant de travailler efficacement dans la vie du pratiquant.

Pour commencer une méditation avec les 72 Noms, le lecteur peut suivre les étapes suivantes :

Asseyez-vous dans un endroit calme et fermez les yeux.

Respirez profondément quelques fois, en calmant votre esprit et votre corps.

Visualisez les trois lettres du Nom choisi comme si elles étaient écrites en lumière dorée ou blanche devant vous.

Concentrez-vous sur l'énergie associée à ces lettres. Imaginez que la lumière des lettres entre dans votre corps, vous remplissant d'énergie divine.

Maintenez votre concentration sur ce Nom pendant quelques minutes, en répétant mentalement ou en visualisant les lettres tout en respirant profondément.

À la fin, remerciez pour toute perspicacité ou énergie reçue.

Connexion avec le Divin à Travers les Noms

Les 72 Noms de Dieu servent également de moyen d'approfondir la connexion avec le divin. Chaque Nom est comme un "fil" qui nous relie directement à la Source de la Création. Lorsque nous méditons sur ces Noms, nous activons la connexion entre notre âme et le plan spirituel supérieur. C'est une pratique qui va au-delà de la simple récitation ou visualisation - c'est une forme d'élévation spirituelle, dans laquelle nous devenons conscients de notre propre divinité et du pouvoir créateur qui habite en nous.

Les kabbalistes enseignent qu'en utilisant les 72 Noms de Dieu, nous nous rapprochons de l'état originel d'unité avec le Créateur. Chaque pratique nous rapproche d'un pas de plus vers l'état de Tiphereth - l'équilibre et l'harmonie entre le corps, l'esprit et l'âme.

Les 72 Noms de Dieu sont l'un des secrets les plus profonds de la Kabbale, offrant au pratiquant un accès direct à de puissantes énergies spirituelles qui peuvent être utilisées pour la transformation personnelle, la protection et la guérison. Ces Noms ne sont pas seulement des lettres, mais des clés pour accéder à des portails spirituels qui nous relient à la Source. En intégrant ces Noms dans les pratiques quotidiennes, le lecteur peut expérimenter un changement profond dans la façon dont il interagit avec le monde et avec son propre esprit. La prochaine partie de cette étude approfondira les pratiques spécifiques de méditation et d'activation des Noms, permettant au lecteur d'appliquer ces enseignements dans sa vie de manière encore plus efficace.

Maintenant que l'introduction aux 72 Noms de Dieu a été faite et que leurs significations fondamentales ont été présentées, il est temps d'approfondir l'utilisation pratique de ces Noms. La Kabbale enseigne que le véritable pouvoir des 72 Noms est accessible par le biais de pratiques spirituelles spécifiques. Ces exercices impliquent la méditation, la répétition et la visualisation des Noms, toujours avec l'intention claire d'apporter leurs énergies dans différents domaines de la vie.

L'une des manières les plus efficaces de se connecter aux 72 Noms de Dieu est la méditation. La pratique méditative permet au pratiquant d'aligner sa conscience avec les énergies des Noms et d'absorber leurs vibrations spirituelles. Comme chaque Nom est une combinaison de trois lettres hébraïques, la méditation implique de se concentrer profondément sur ces lettres et de permettre à leurs énergies de s'intégrer dans le corps, l'esprit et l'âme.

Une méditation de base peut être effectuée de la manière suivante:

Choisissez un Nom : Déterminez quel Nom vous souhaitez travailler, en fonction de votre besoin spirituel du moment. Il peut s'agir de protection, de guérison, de clarté mentale ou de tout autre objectif dont vous avez besoin.

Trouvez un endroit calme : Asseyez-vous dans un endroit calme et sans distractions. La posture droite aide à maintenir l'esprit alerte et le corps détendu.

Respirez profondément : Commencez par quelques respirations profondes. Cela aide à calmer l'esprit et à préparer le corps à la méditation. En expirant, imaginez-vous libérer toute tension ou préoccupation.

Visualisez le Nom : Imaginez les trois lettres hébraïques du Nom flottant devant vous. Elles peuvent apparaître brillantes en lumière blanche, dorée ou bleue, selon la façon dont vous vous sentez le plus connecté. Concentrez votre attention complètement sur ces lettres.

Intention et invocation : En visualisant le Nom, visualisez l'intention pour laquelle vous méditez. Par exemple, si vous cherchez la guérison, imaginez que l'énergie curative des lettres est absorbée par votre corps, purifiant et restaurant votre équilibre.

Répétez le Nom : En silence ou en chuchotant, répétez le Nom plusieurs fois, en synchronisant votre respiration avec les lettres. Cela aide à amplifier la connexion et à dynamiser votre champ spirituel.

Conclusion : Après quelques minutes, respirez profondément une fois de plus et laissez l'image des lettres s'estomper lentement. Remerciez pour l'énergie et la sagesse reçues pendant la pratique.

Cette méditation simple peut être effectuée quotidiennement ou chaque fois que le pratiquant ressent le besoin d'accéder aux énergies des Noms.

La force des 72 Noms de Dieu se manifeste dans divers domaines de la vie, et chaque Nom a une application spécifique. Nous allons maintenant voir comment utiliser certains de ces Noms dans des situations pratiques de la vie quotidienne :

Guérison : Le Nom Mem-He-Shin (MHS) est largement utilisé pour les guérisons, qu'elles soient physiques ou émotionnelles. En méditant sur ce Nom, visualisez les trois lettres brillant sur la zone qui a besoin de guérison, qu'il s'agisse d'une partie spécifique du corps ou d'un aspect émotionnel qui est en déséquilibre. La lumière émanant des lettres remplit votre corps d'énergie curative, restaurant l'harmonie intérieure.

Protection : Pour vous protéger des énergies négatives ou des influences extérieures, le Nom Samech-Aleph-Lamed (SAL) est un puissant outil spirituel. Ce Nom crée un champ d'énergie protecteur autour de vous, comme un bouclier invisible qui empêche toute négativité de pénétrer dans votre aura. En le visualisant, imaginez une sphère de lumière autour de vous, remplie de l'énergie protectrice émanant des lettres.

Surmonter les Défis : Lorsque la vie présente des obstacles qui semblent insurmontables, le Nom Aleph-Kaf-Aleph (AKA) peut fournir la force spirituelle nécessaire pour les surmonter. Méditez sur ce Nom tout en visualisant les défis que vous rencontrez. Les lettres fournissent l'énergie de la persévérance et du courage, vous permettant de voir de nouveaux chemins ou des solutions qui semblaient auparavant invisibles.

Sagesse et Clarté Spirituelle : Pour ceux qui cherchent une guidance divine ou une plus grande clarté dans leurs décisions, le Nom Yod-Lamed-Yod (YLY) est utilisé pour ouvrir les canaux de la sagesse spirituelle. Visualisez ce Nom tout en réfléchissant à une situation dans laquelle vous avez besoin de conseils. Il peut apporter des éclaircissements et vous permettre de voir la situation d'un point de vue plus élevé et éclairé.

Augmentation de l'Intuition: Le Nom Noun-Yod-Tav (NYT) est utilisé pour augmenter l'intuition et renforcer la connexion avec votre moi intérieur. Ce nom aide à ouvrir les canaux de la perception spirituelle, vous permettant d'entendre plus clairement la "voix intérieure" et de prendre des décisions intuitives qui sont alignées avec votre but supérieur.

En plus de la méditation, les 72 Noms de Dieu sont également utilisés dans les prières et les mantras kabbalistiques. La répétition de ces Noms, associée à une prière ou à un mantra spécifique, peut amplifier la puissance de l'invocation. Lorsque vous priez avec les Noms, il est important de vous concentrer sur l'intention et la signification derrière chacune des lettres.

Un exemple pratique est la répétition du Nom Aleph-Lamed-Dalet (ALD) pour éloigner le mal. Cette prière peut être utilisée dans les moments de peur, d'incertitude ou lorsque l'on ressent la présence de forces négatives autour de soi. La répétition du Nom peut être faite à voix haute ou mentalement, toujours avec la visualisation des lettres pendant que l'on répète le mantra. La prière peut être simple, comme :

"Que le Nom sacré Aleph-Lamed-Dalet me protège et me garde en sécurité, éloignant tout mal ou influence négative qui pourrait être présent autour de moi."

Pour les pratiquants plus expérimentés, une technique de visualisation avancée avec les 72 Noms implique la création d'un champ énergétique autour de tout le corps. Cette pratique aide à intégrer complètement l'énergie des Noms dans le champ aurique du pratiquant, renforçant sa connexion spirituelle et élargissant son champ de protection.

Voici une pratique de visualisation avancée :

Création du Cercle de Lumière : Imaginez que vous êtes assis à l'intérieur d'un cercle de lumière dorée.

Ce cercle est fait des énergies des 72 Noms. Chacune des lettres brille intensément, formant une barrière de lumière autour de vous.

Visualisation du Corps de Lumière : Au fur et à mesure que vous continuez à visualiser le cercle de lumière, commencez à voir votre corps se remplir de cette lumière divine. Chaque cellule de votre corps commence à briller de l'énergie des 72 Noms.

Expansion de l'Énergie : Imaginez maintenant que la lumière des Noms commence à s'étendre au-delà de votre corps, atteignant tout ce qui vous entoure - l'espace dans lequel vous êtes, les personnes autour de vous et même l'environnement extérieur. Ce champ de lumière agit comme une bénédiction, rayonnant une énergie de guérison, de protection et d'harmonie pour tous les êtres.

Intégration et Remerciement : À la fin de la visualisation, sentez la lumière commencer à revenir à l'intérieur de vous, s'intégrant complètement dans votre âme. Remerciez pour cette expérience spirituelle et pour le pouvoir des Noms dans votre vie.

Comme pour toutes les pratiques spirituelles, la constance est fondamentale. L'énergie des 72 Noms de Dieu est plus efficace lorsqu'elle est invoquée régulièrement. On peut choisir un Nom à travailler quotidiennement, en consacrant du temps à la méditation et à la répétition de ce Nom tout au long de la journée. La régularité renforce la connexion avec les énergies divines et augmente la capacité du pratiquant à accéder à leurs bénédictions et à leurs pouvoirs.

Que ce soit dans la recherche de la guérison, de la protection, de la sagesse ou de la transformation personnelle, les 72 Noms de Dieu offrent une voie puissante pour accéder au divin. En les utilisant avec respect et une intention claire, le pratiquant commence à transformer sa réalité de l'intérieur, en expérimentant une vie plus alignée avec la lumière et la sagesse de la création.

Les 72 Noms de Dieu sont l'un des outils les plus profonds et les plus transformateurs de la Kabbale. Ils offrent non seulement un moyen de se connecter directement avec des énergies spirituelles élevées, mais permettent également au pratiquant de façonner sa vie en alignement avec le dessein divin. En maîtrisant les pratiques de méditation, de visualisation et de prière avec les Noms, le lecteur sera en mesure d'accéder à une source inépuisable de sagesse, de guérison et de protection.

Chapitre 24
La Kabbale et l'Avenir

La Kabbale, en tant que tradition spirituelle cherchant une compréhension profonde des mystères de l'univers, offre également des perspectives sur l'avenir de l'humanité et l'évolution spirituelle globale. Dans la perspective kabbalistique, l'avenir n'est pas perçu comme quelque chose de fixe et de prédestiné, mais comme un champ de possibilités influencé par les actions individuelles et collectives. La Kabbale suggère que le destin de l'humanité est intrinsèquement lié au processus de correction spirituelle connu sous le nom de Tikoun Olam, qui signifie "réparer le monde". Ce concept central dans la Kabbale affirme que chaque être humain joue un rôle dans la restauration de l'harmonie cosmique, en élevant la conscience et en apportant de la lumière au monde.

L'une des idées fondamentales sur l'avenir, telle qu'enseignée dans la Kabbale, est que le monde est dans un état de transition constante entre l'obscurité et la lumière, le chaos et l'ordre, la fragmentation et l'unité. Ce cycle reflète la lutte entre les forces opposées qui façonnent la création, ce qui a déjà été discuté dans le chapitre sur la dualité dans le système kabbalistique. Cependant, le but ultime de l'humanité, selon les enseignements kabbalistiques, est d'atteindre un état d'équilibre, où le chaos et l'obscurité sont surmontés par la lumière et l'harmonie divine.

La Kabbale évoque un concept de "jours derniers" ou de "fin des temps", qui ne se réfère pas nécessairement à une apocalypse ou à une destruction, mais plutôt à une transformation spirituelle profonde. Dans le Zohar, le texte le plus important de la Kabbale, il y a des passages qui parlent de l'arrivée d'une ère de grande illumination spirituelle, où la vérité et la connaissance divine seront pleinement révélées à l'humanité. Cette révélation sera le point culminant de millénaires de recherche spirituelle et de correction, où les âmes atteindront finalement un état d'unité avec le Créateur.

Dans la vision kabbalistique, le temps n'est pas linéaire, mais cyclique. Cela signifie qu'au lieu d'avancer en ligne droite vers une fin définitive, l'histoire et le temps se répètent en cycles, apportant à chaque fois de nouveaux niveaux de compréhension et de croissance spirituelle. Le cycle actuel, selon certains kabbalistes, est à un moment crucial, où l'humanité est sur le point de faire un saut évolutif en termes de conscience spirituelle. Ce saut est décrit comme l'émergence d'une nouvelle ère de sagesse et d'illumination, où la séparation entre le divin et l'humain sera finalement dissoute.

Cette période future est souvent associée au concept d'"ère messianique", un temps où la justice, la paix et l'harmonie prévaudront dans le monde. Cependant, la Kabbale souligne que le Messie, ou l'ère messianique, ne dépend pas seulement de la venue d'un individu ou d'un leader spirituel, mais est le résultat d'un effort collectif de l'humanité pour élever sa conscience et réaliser le Tikoun Olam. Chaque personne qui travaille à se corriger elle-même et le monde qui l'entoure contribue à l'avènement de cette nouvelle ère.

La Kabbale considère l'évolution spirituelle globale comme un processus graduel et continu, qui implique à la fois l'humanité et l'univers dans sa totalité. L'univers est perçu comme un organisme vivant et interconnecté, où chaque action, pensée et intention humaine influence le tout. La correction spirituelle n'est donc pas un processus isolé, mais implique la participation active de toutes les âmes, tant celles qui sont incarnées que celles qui ont déjà transcendé.

Au fur et à mesure que l'humanité progresse dans son voyage spirituel, la Kabbale enseigne que nous verrons une élévation collective de la conscience. Les barrières qui séparent actuellement les gens - comme les différences culturelles, religieuses et idéologiques - commenceront à se dissoudre, et la perception que tous les êtres humains partagent une essence divine commune sera plus largement reconnue. Cet état d'unité, ou Akhdout, est l'un des principaux objectifs de la Kabbale et du Tikoun Olam.

Cependant, ce progrès spirituel ne se fait pas sans défis. La Kabbale affirme que l'obscurité spirituelle et les forces du chaos s'intensifient à mesure que nous approchons de grands sauts évolutifs. Ces forces représentent les aspects non corrigés de la création - les parties du monde qui n'ont pas encore été amenées à la lumière. Ainsi, l'humanité peut être confrontée à des périodes de grande turbulence, tant au niveau personnel que global, avant que la lumière ne prévale.

Les 72 Noms de Dieu, présentés précédemment, jouent un rôle important dans le processus d'évolution spirituelle décrit par la Kabbale. Ces Noms sont des outils puissants pour accéder aux énergies divines qui peuvent accélérer le processus de correction tant au niveau personnel que global. Alors que l'humanité s'achemine vers une ère d'illumination spirituelle, les 72 Noms continueront d'être utilisés par les praticiens kabbalistes pour faciliter la guérison, la protection et la transformation.

Chaque Nom est une clé qui déverrouille différents aspects de la réalité spirituelle. À mesure que de plus en plus de personnes se connectent à ces énergies et commencent à les utiliser consciemment, la vibration collective de la planète s'élève. Cela profite non seulement aux individus, mais influence également positivement l'environnement qui les entoure, créant un effet de cascade de lumière qui peut atteindre même ceux qui ne sont pas directement engagés dans les pratiques spirituelles.

Un aspect important de l'avenir dans la vision kabbalistique est le rôle du libre arbitre. La Kabbale enseigne que, bien que le destin spirituel final de l'humanité soit l'union avec le Créateur, le chemin pour atteindre cet état dépend des choix que nous faisons tout au long de notre vie. Le libre arbitre est ce qui nous permet de participer activement au processus de Tikoun Olam et à la correction de nous-mêmes et du monde.

Chaque choix que nous faisons a le potentiel de nous rapprocher ou de nous éloigner de cet objectif final.

Le Zohar souligne que, tant qu'il y aura de l'obscurité et du chaos dans le monde, les êtres humains continueront à être confrontés à des dilemmes moraux et spirituels. Ces choix font partie du processus de croissance et d'évolution, car c'est en surmontant les défis et en corrigeant nos erreurs que nous grandissons spirituellement. Ainsi, l'avenir de l'humanité, selon la Kabbale, n'est pas un destin fixe, mais quelque chose qui est constamment façonné par les décisions que nous prenons individuellement et collectivement.

La Kabbale ne nous offre pas seulement une vision de l'avenir, mais nous appelle aussi à l'action. Elle enseigne que chaque personne a le pouvoir d'influencer l'avenir par ses actions quotidiennes. Le concept de Tikoun Olam nous rappelle que nous ne sommes pas passivement à la merci des événements globaux ou cosmiques, mais que nous sommes des participants actifs à la création de notre propre destin et du destin du monde.

Pour la Kabbale, les pratiques spirituelles, telles que la méditation, l'étude des textes sacrés et l'utilisation des 72 Noms de Dieu, sont des outils puissants pour aider à créer un avenir de lumière et d'harmonie. De plus, les actes de bonté, de justice et de compassion sont considérés comme des expressions tangibles de correction spirituelle, contribuant directement à la construction d'un monde meilleur.

L'action individuelle, lorsqu'elle est faite avec intention et conscience, se répercute sur toute la création, influençant non seulement le présent, mais aussi les générations futures. La Kabbale nous rappelle qu'en nous corrigeant nous-mêmes et notre environnement immédiat, nous participons, en fait, à la création d'un avenir plus éclairé pour tous.

L'avenir, selon la Kabbale, est un voyage vers l'unité spirituelle et la correction globale. L'humanité est dans un processus continu d'évolution spirituelle, où chaque action, chaque choix et chaque intention influencent le destin collectif. Bien que le chemin puisse être difficile, la Kabbale offre des outils puissants - comme les 72 Noms de Dieu et le concept de Tikoun Olam - pour aider l'humanité à surmonter l'obscurité et à avancer vers la lumière.

Maintenant que nous comprenons la vision kabbalistique de l'avenir de l'humanité et le concept de Tikoun Olam comme un processus de correction globale et spirituelle, il est temps de nous concentrer sur la manière dont chacun de nous peut participer activement à la création de cet avenir. La Kabbale ne considère pas le destin comme quelque chose de passif ou de prédéfini ; au contraire, elle nous invite à être des co-créateurs, des participants conscients au processus d'évolution spirituelle de l'univers. Les outils kabbalistiques que nous avons étudiés jusqu'à présent offrent une base solide pour commencer ce voyage.

La Kabbale enseigne que le monde physique n'est qu'une manifestation de réalités spirituelles supérieures. Chaque action, pensée et intention que nous avons affecte non seulement notre monde personnel, mais aussi le monde collectif. L'un des enseignements centraux de la Kabbale est le pouvoir de la conscience. La conscience, lorsqu'elle est dirigée correctement, peut transformer à la fois notre réalité intérieure et extérieure. Pour la Kabbale, élever la conscience est le chemin le plus direct pour apporter plus de lumière au monde et accélérer le processus de Tikoun Olam.

Lorsque nous parlons d'"élever la conscience", nous nous référons à la capacité de percevoir l'interconnexion de toutes choses. La Kabbale nous enseigne que toutes les âmes sont connectées, et que ce qui affecte une personne ou une partie de la création affecte le tout. Chaque pensée de bonté, chaque intention de faire le bien, génère des ondes d'énergie qui influencent le champ spirituel collectif. De même, chaque choix basé sur l'égoïsme ou la séparation affecte négativement l'équilibre spirituel du monde.

C'est pourquoi la pratique kabbalistique met l'accent sur l'importance de l'auto-observation et de l'intention consciente dans nos actions. Lorsque nous faisons un choix conscient pour élever nos actions au niveau spirituel - que ce soit par des actes de bonté, la méditation ou l'étude - nous contribuons directement au progrès spirituel collectif. C'est ce que la Kabbale décrit comme "apporter de la lumière au monde". À chaque acte de lumière, nous aidons à dissiper les ombres de l'obscurité spirituelle qui entourent encore l'humanité.

Il existe plusieurs pratiques spirituelles kabbalistiques que nous pouvons intégrer dans notre vie quotidienne pour participer activement au processus de Tikoun Olam. Ces pratiques nous aident non seulement à évoluer spirituellement, mais créent également un impact positif sur le monde qui nous entoure. Nous explorons ci-après certaines de ces pratiques et la manière de les appliquer.

Comme nous l'avons vu précédemment, les 72 Noms de Dieu sont un outil spirituel puissant qui peut être utilisé pour accéder à différents niveaux d'énergie divine. La méditation avec ces Noms permet au praticien de se connecter directement à la source créatrice de l'univers, favorisant la guérison, la protection et la transformation spirituelle. Chaque Nom est une clé pour ouvrir des portails spirituels qui peuvent apporter plus de lumière et d'harmonie au monde.

Pour méditer avec les 72 Noms, le praticien doit d'abord choisir un Nom spécifique qui représente l'énergie ou le but qu'il souhaite manifester - que ce soit la guérison, la sagesse, la protection ou toute autre intention. Ensuite, il visualise les lettres du Nom dans son esprit, méditant sur sa signification et l'énergie qu'il évoque. Pendant cette méditation, il est important de maintenir une intention claire sur la manière dont cette énergie sera utilisée pour apporter de la lumière au monde.

Cette pratique peut être faite quotidiennement ou à des moments spécifiques de besoin spirituel. L'impact de méditations régulières avec les 72 Noms profite non seulement au praticien, mais émane également des énergies curatives vers l'environnement qui l'entoure, contribuant à l'élévation spirituelle globale.

La prière, dans la Kabbale, est bien plus qu'une simple répétition de mots ; c'est une façon d'aligner la volonté humaine sur la volonté divine. La prière consciente est celle qui est faite avec une intention claire et concentrée, cherchant non seulement des bénéfices personnels, mais aussi le bien-être collectif. Lorsque nous prions, en particulier avec les mots des textes sacrés ou des Psaumes, nous créons un pont entre le monde physique et le monde spirituel, permettant aux énergies divines de circuler plus librement.

La Kabbale suggère qu'en priant pour les autres, pour la paix dans le monde ou pour la correction des failles spirituelles, nous réalisons le Tikoun Olam. Cette pratique renforce le concept kabbalistique selon lequel l'individualité est connectée au collectif, et qu'en corrigeant une partie, nous contribuons à la correction du tout.

En plus des pratiques méditatives et des prières, la Kabbale accorde une grande importance à l'action dans le monde matériel comme forme de transformation spirituelle. Les actes de bonté, ou Chessed, sont considérés comme une expression directe de l'énergie divine d'amour et de miséricorde. Chaque fois que nous pratiquons un acte de générosité, que nous aidons une autre personne ou que nous contribuons au bien-être de notre environnement, nous agissons comme des canaux pour la lumière divine.

Ces actes de bonté peuvent être simples - comme offrir de l'aide à quelqu'un dans le besoin ou réaliser des actions bénévoles en faveur d'une cause plus grande - mais leur impact spirituel est profond. La Kabbale enseigne que chaque acte de Chessed que nous réalisons génère de la lumière dans le monde, aidant à équilibrer les énergies et à guérir l'obscurité spirituelle qui existe encore.

L'étude continue des enseignements kabbalistiques est également une façon de participer au processus de correction spirituelle. En nous consacrant à l'étude, en particulier de textes comme le Zohar et le Sefer Yetzirah, nous ne faisons pas qu'élargir notre propre compréhension spirituelle, mais nous contribuons également à l'éveil collectif. La sagesse contenue dans ces textes nous enseigne les lois spirituelles qui gouvernent l'univers, et comment nous pouvons vivre en accord avec ces lois pour apporter plus de lumière et d'équilibre au monde.

La Kabbale considère l'étude comme une forme de méditation active. Lorsque nous étudions avec intention et profondeur, nous nous connectons aux énergies spirituelles contenues dans les mots et nous éveillons des parties plus élevées de notre propre âme. La connaissance que nous acquérons, à son tour, peut être appliquée dans notre vie quotidienne, nous permettant d'agir de manière plus consciente et spiritualisée.

L'un des messages les plus puissants de la Kabbale sur l'avenir est l'idée que le destin du monde dépend de l'effort collectif. Chaque âme joue un rôle unique dans le processus de correction, et plus il y a de personnes qui s'engagent consciemment dans ce processus, plus vite le monde atteindra un état d'harmonie et de paix.

La Kabbale nous enseigne qu'il existe une interdépendance entre toutes les âmes. Lorsqu'une âme s'élève, elle élève les autres autour d'elle. Cela signifie que même de petits actes de bonté ou des moments d'introspection spirituelle peuvent avoir des effets bien plus importants que nous ne l'imaginons. De même, lorsqu'une personne travaille à corriger ses failles spirituelles, elle contribue à la correction de toute l'humanité. Cette compréhension nous donne une nouvelle perspective sur l'importance de nos actions quotidiennes, renforçant la notion que chaque choix que nous faisons a des répercussions spirituelles profondes.

La vision kabbalistique de l'avenir est profondément optimiste. Bien que l'humanité soit confrontée à des défis spirituels et moraux, la Kabbale croit fermement que le destin final du monde est l'unité avec le Créateur. Cette unité ne signifie pas une uniformité, mais une intégration harmonieuse des différences et des singularités de chaque âme, où toutes les parties de la création coexistent en paix et en équilibre.

Le processus de Tikoun Olam est le chemin pour atteindre cette unité. Par la pratique spirituelle, l'élévation de la conscience et les actes de bonté, l'humanité corrige progressivement les failles qui l'ont séparée de la source divine. La Kabbale considère ce processus comme inévitable, bien que son accélération dépende des choix que nous faisons en tant qu'individus et en tant que collectivité.

L'avenir, tel que révélé par la Kabbale, est un voyage collectif vers l'illumination spirituelle et la correction du monde. Chacun de nous a la responsabilité et le privilège de participer activement à ce processus, que ce soit par des pratiques méditatives, des actes de bonté ou l'étude spirituelle. La Kabbale nous offre les outils et la carte pour réaliser cet avenir, et il appartient à chacun de nous de décider comment les utiliser.

Au fur et à mesure que nous avançons dans ce voyage, il est essentiel de se rappeler que le processus de Tikoun Olam est un chemin continu, où chaque pas compte.

Chapitre 25
Le Voyage Cabalistique

Alors que nous approchons de la fin de ce livre, il est important de prendre une pause et de réfléchir à la profondeur du voyage que nous avons parcouru jusqu'ici. Des premiers pas dans la compréhension des fondements de la Cabbale aux enseignements plus complexes sur l'interaction entre l'humain et le divin, nous avons été invités à explorer un chemin spirituel qui, dans son essence, cherche non seulement à expliquer l'univers, mais à transformer profondément notre relation avec lui.

La Cabbale n'est pas seulement une théorie ésotérique ; c'est une pratique vivante, un système de connaissance de soi et d'élévation spirituelle qui englobe tous les aspects de l'existence. Au fil des chapitres, nous avons découvert que la connaissance cabalistique se déploie en multiples couches, offrant non seulement des explications sur la nature du cosmos, mais aussi des outils pratiques pour l'introspection, la guérison et la transformation intérieure.

L'Arbre de Vie et le Processus de Connaissance de Soi

L'un des premiers concepts centraux que nous avons explorés a été l'Arbre de Vie, avec ses dix

Sephiroth. L'Arbre de Vie sert de carte à la fois de l'univers et de la psyché humaine. Chaque Sephirah représente un aspect de la création et, en même temps, une facette de l'âme. En comprenant l'interconnexion entre ces différents aspects, nous commençons à voir l'univers comme un réseau d'énergies, où le divin et l'humain coexistent et interagissent de manière continue.

Cette structure n'est pas seulement théorique. Pour le cabaliste, l'Arbre de Vie est un outil de connaissance de soi. Lorsque nous méditons sur les Sephiroth, nous apprenons à identifier où nos propres énergies sont bloquées ou déséquilibrées. Par exemple, nous pouvons nous rendre compte que notre Chesed (bonté) est abondante, mais pas équilibrée par Guebourah (discipline). Ou nous pouvons découvrir que notre Keter (couronne, connexion au divin) est obscurcie par des préoccupations matérielles, nous empêchant d'atteindre un niveau plus élevé de compréhension spirituelle.

La beauté de la Cabbale réside dans son aspect pratique. L'Arbre de Vie n'est pas un concept abstrait, mais une structure qui nous invite à appliquer son équilibre dans nos vies quotidiennes. Chaque Sephirah a son expression dans la façon dont nous interagissons avec le monde et avec les autres. Lorsque nous vivons consciemment dans cette structure, nous alignons notre propre existence sur l'ordre cosmique, permettant aux énergies divines de circuler plus librement à travers nous.

Dualité et Unité dans le Système Cabalistique

Un autre concept fondamental que nous avons exploré est celui de la dualité dans le système cabalistique. Lumière et obscurité, masculin et féminin, bien et mal – ces polarités sont présentes à tous les niveaux de la création. La Cabbale enseigne que la création est le résultat de la tension entre ces forces opposées. Sans obscurité, la lumière ne peut être reconnue ; sans le mal, le libre arbitre et la croissance spirituelle n'auraient aucun but.

Cependant, la dualité n'est pas l'objectif final. Le véritable objectif est l'unité – l'intégration des forces opposées en harmonie. Le voyage cabalistique est donc un voyage d'intégration, où nous apprenons à reconnaître et à équilibrer les tensions dans nos propres vies. Souvent, nous nous retrouvons à lutter avec des forces opposées en nous – le désir matériel contre le désir spirituel, l'égoïsme contre l'altruisme. La Cabbale nous enseigne à accueillir ces tensions comme une partie essentielle de l'expérience humaine, mais elle nous guide également sur la manière de les transcender, en intégrant ces forces pour atteindre l'unité intérieure.

La pratique cabalistique implique de travailler avec ces polarités de manière consciente, en équilibrant nos penchants et en apprenant à voir l'interconnexion entre toutes choses. C'est un processus continu, car la création et la correction ne sont jamais complètes. Le travail spirituel est un cycle constant de création, de destruction et de renouveau, tant dans nos vies individuelles que dans le monde dans son ensemble.

Tikun Olam : La Co-Création et la Responsabilité Humaine

Un autre enseignement puissant de la Cabbale est que l'être humain n'est pas seulement un témoin passif du processus cosmique. Au contraire, nous sommes des co-créateurs, des participants actifs à la manifestation de la réalité. Le concept de Tikun Olam, ou la correction du monde, renforce cette idée. Le monde n'est pas complet ; il est en constante évolution, et chacun de nous a un rôle à jouer dans ce processus de correction et d'amélioration.

Les pratiques spirituelles que nous avons explorées tout au long de ce livre — méditations, prières, actes de bonté — sont toutes des formes de co-création. Chaque action que nous réalisons avec une intention spirituelle, chaque pensée élevée et chaque choix conscient que nous faisons, impacte non seulement notre vie, mais l'univers dans son ensemble. La Cabbale nous rappelle constamment que nous sommes responsables de notre propre évolution et de l'état du monde qui nous entoure.

Cette responsabilité peut sembler écrasante, mais elle est aussi une source profonde de pouvoir et d'autonomisation. Savoir que nos choix ont un impact réel nous offre une opportunité unique de vivre avec un but. À chaque instant, nous avons la chance de choisir la lumière plutôt que l'obscurité, l'unité plutôt que la séparation, la bonté plutôt que l'égoïsme. Et chacun de ces choix contribue au Tikun Olam, accélérant le processus de correction globale.

La Transformation par la Connaissance Cabalistique

L'étude de la Cabbale ne se limite pas à une accumulation intellectuelle d'informations. Dès les premiers chapitres, nous avons souligné que la connaissance cabalistique est transformatrice. À mesure que nous comprenons les lois spirituelles qui gouvernent l'univers, nous commençons à voir nos propres vies sous un nouveau jour. Les défis que nous rencontrons prennent un sens plus profond, et les bénédictions que nous recevons sont perçues comme faisant partie d'un flux continu d'énergie divine.

La transformation se produit lorsque nous appliquons la connaissance cabalistique dans notre vie quotidienne. Cela signifie que le voyage spirituel n'est pas quelque chose de séparé de nos expériences quotidiennes, mais qu'il y est intimement lié. En appliquant les enseignements sur les Sephiroth, les Noms Divins et la méditation, nous commençons à façonner nos vies selon les principes spirituels. Ce processus de transformation est progressif et continu, mais ses effets sont profonds.

Une Voie sans Fin

Pour beaucoup, l'étude de la Cabbale est le début d'un chemin sans fin. À chaque couche de connaissance que nous dévoilons, nous trouvons de nouveaux mystères et de nouvelles opportunités de croissance spirituelle. La Cabbale nous invite à devenir des étudiants éternels, toujours à la recherche de la prochaine révélation, toujours ouverts à la transformation.

Il est important de se rappeler que, bien que le voyage spirituel soit profondément personnel, il ne se déroule jamais de manière isolée. Comme nous l'avons vu, toutes les âmes sont connectées, et chaque action individuelle a des répercussions sur le collectif. La

Cabbale nous enseigne que le destin de l'humanité est entrelacé, et que le progrès spirituel d'un seul individu peut élever tout le champ de conscience global.

C'est pourquoi la pratique spirituelle implique également un engagement envers les autres. La Cabbale valorise profondément la communauté, l'acte de donner, et la reconnaissance que notre propre évolution est directement liée à l'évolution de ceux qui nous entourent. Ainsi, le voyage spirituel ne concerne pas seulement notre propre illumination, mais la manière dont nous pouvons contribuer à l'illumination du monde.

Alors que nous approchons de la fin de ce voyage, il est essentiel de reconnaître que la Cabbale n'offre pas une fin statique. C'est un chemin vivant, en constant mouvement, et ceux qui s'engagent dans ses enseignements découvrent qu'il y a toujours plus à apprendre, plus à expérimenter et plus à transformer.

Comprendre le voyage cabalistique est plus qu'un exercice intellectuel ou théorique. Il s'agit d'une transformation spirituelle continue qui nous met au défi de nous approfondir dans chaque aspect de notre existence et de notre connexion au divin. Alors que nous consolidons notre apprentissage et intégrons les enseignements acquis tout au long de cet ouvrage, il est important de souligner comment cette sagesse peut continuer à façonner et à illuminer nos vies, quels que soient les défis que nous rencontrons sur le chemin.

La Cabbale, comme nous l'avons vu, offre non seulement une compréhension de la création, des forces cosmiques et de la nature de la réalité, mais aussi un ensemble d'outils pratiques qui peuvent être appliqués quotidiennement. Ces enseignements nous permettent d'agir en tant que co-créateurs dans l'univers et nous aident à équilibrer nos forces internes et externes, toujours dans le but d'atteindre une plus grande unité et harmonie, tant au niveau personnel que collectif.

Pratiques Quotidiennes pour le Voyage Cabalistique

Pour réussir sur le chemin cabalistique, une pratique spirituelle quotidienne est essentielle. Cela n'implique pas que tout le monde doive suivre les mêmes routines, mais que chaque individu développe un système qui résonne avec ses besoins spirituels et son niveau de compréhension.

Méditation sur les Sephiroth : Une pratique puissante et transformatrice est la méditation sur les Sephiroth de l'Arbre de Vie. Cela peut être fait quotidiennement, en se concentrant sur une Sephirah à la fois. Par la visualisation, l'introspection et la contemplation, nous pouvons équilibrer les énergies associées à chacune des émanations divines, alignant nos actions sur le flux spirituel de l'univers. Cette pratique aide à identifier les zones de déséquilibre et à apporter guérison et harmonie à notre vie personnelle et collective.

Étude Continue : La Cabbale est une étude sans fin. Le Zohar, le Sefer Yetzirah et d'autres textes cabalistiques contiennent des couches de sagesse qui peuvent être découvertes tout au long d'une vie. Prendre le temps de lire et de contempler ces textes sacrés non seulement augmente nos connaissances, mais nous connecte directement à l'énergie spirituelle qui circule à travers ces enseignements.

Guématrie et Significations Cachées : La pratique de la Guématrie, l'étude numérique des lettres hébraïques, peut également être un outil pratique pour éclairer les aspects cachés de la vie. L'analyse des mots, des noms et des événements à la lumière de la numérologie cabalistique révèle des schémas et des significations cachés, nous permettant de voir au-delà de la surface et de saisir la profondeur spirituelle de la réalité.

Utilisation des Noms Divins : Travailler avec les Noms Divins est une pratique centrale dans la Cabbale. Ces noms, comme le Tétragramme (YHVH), possèdent des énergies spécifiques qui peuvent être invoquées pour la méditation, la guérison et la protection. Apprendre à les utiliser de manière consciente, que ce soit par la prière ou la méditation, nous donne accès à des niveaux plus profonds de connexion avec le divin et avec les pouvoirs de la création.

Tikun Olam : Le concept de Tikun Olam ne doit pas être oublié dans la pratique quotidienne. En faisant des choix qui guérissent le monde, que ce soit par des actes de bonté, de justice ou d'élévation spirituelle, nous contribuons directement à la correction de l'univers. De petits gestes d'altruisme, d'honnêteté et d'empathie résonnent dans le champ spirituel global, accélérant le processus de rédemption et de transformation.

L'Indépendance Spirituelle et la Suite du Voyage

Après avoir absorbé les fondements de la Cabbale, beaucoup se demandent : "Quelle est la prochaine étape ?" L'étape suivante consiste à développer une indépendance spirituelle qui permette au pratiquant de naviguer dans les enseignements et les pratiques de la Cabbale de manière autonome. Cela signifie construire une routine spirituelle solide et adaptable, s'ajustant en fonction des besoins de l'âme et des circonstances changeantes de la vie.

Pour cela, il est recommandé de poursuivre sur quelques piliers fondamentaux :

Étude Régulière : Ne jamais cesser d'étudier. La pratique cabalistique est basée sur la recherche constante de la connaissance. De nouvelles interprétations et de nouveaux niveaux de compréhension sont toujours à la portée de ceux qui se consacrent à l'étude constante. De plus, l'acte d'étudier en lui-même élève l'âme et nous connecte à la sagesse divine.

Communauté Spirituelle: Bien que le voyage spirituel soit individuel, la Cabbale accorde une grande valeur à l'interaction au sein d'une communauté. Échanger des idées, partager des expériences et étudier en groupe peut apporter de nouvelles perspectives et renforcer le chemin spirituel de chacun. La connexion avec d'autres personnes qui suivent également le chemin cabalistique est une forme puissante de soutien et de croissance.

Autocorrection et Réflexion Continue: La pratique de l'introspection régulière est essentielle au progrès spirituel. Prendre le temps d'évaluer nos pensées, nos actions et nos intentions nous maintient sur le chemin de la rectification personnelle. L'autocorrection est un processus constant dans le voyage cabalistique, où nous apprenons à reconnaître nos erreurs, à accepter la responsabilité de celles-ci et à chercher à nous améliorer constamment.

Connexion avec le Divin: La méditation et la prière sont les principales formes de connexion avec les énergies supérieures. Prendre le temps quotidiennement de se connecter au divin est essentiel pour maintenir vivante la flamme spirituelle qui guide le chemin cabalistique. Chaque prière, chaque moment de contemplation, sert de rappel que nous sommes dans un partenariat divin, co-créant la réalité à chaque instant.

L'Expansion de la Connaissance Cabalistique

Au-delà des pratiques mentionnées, l'expansion de la connaissance de la Cabbale à travers d'autres sources et maîtres est également recommandée. Des livres, des cours et des séminaires dirigés par des érudits de la Cabbale peuvent offrir de nouveaux horizons et approfondir encore la compréhension de ce qui a déjà été appris. L'étude de la Cabbale n'est ni fixe ni statique ; elle évolue avec le pratiquant et offre continuellement de nouveaux niveaux de compréhension.

L'exploration de nouveaux thèmes au sein de la Cabbale, tels que l'astrologie cabalistique, la relation avec la guérison spirituelle et l'approfondissement des pratiques méditatives avec les 72 Noms de Dieu, peut ouvrir de nouvelles portes à l'expansion de l'âme. L'univers cabalistique est vaste et multiforme, et chaque individu trouvera son propre chemin d'exploration et d'expansion au sein de ce système sacré.

S'Aligner sur les Cycles Cosmiques

La Cabbale nous enseigne que le temps n'est pas linéaire, mais cyclique. Les fêtes juives, les rythmes de la nature et les cycles de l'âme sont tous interdépendants, et reconnaître ces cycles dans nos propres vies est fondamental pour vivre en accord avec le flux divin. Chaque phase de notre vie – que ce soit la croissance, la stagnation ou le renouveau – a son rôle dans le contexte spirituel. Apprendre à s'aligner sur ces cycles nous permet de circuler de manière plus harmonieuse avec l'univers.

La Cabbale suggère que nous nous syntonisions avec les énergies des cycles cosmiques, en particulier par l'observation et la célébration des fêtes juives, qui sont des portails spirituels pour le renouveau et la correction personnelle. Comprendre les énergies de chaque saison et de chaque fête, et comment elles s'appliquent à notre propre voyage spirituel, peut être une source continue d'orientation et d'inspiration.

Consolider l'Apprentissage et Continuer le Voyage

En consolidant tout l'apprentissage acquis dans cet ouvrage, il est essentiel de se rappeler que la Cabbale n'est pas une destination finale, mais un processus continu de recherche, de découverte et de correction. Chaque enseignement que nous avons exploré tout au long de ce livre – des Sephiroth à la Guématrie, des Noms Divins à l'intégration de l'ego – doit être appliqué comme une boussole qui guide notre vie spirituelle.

Cependant, chaque individu est responsable de continuer le voyage par lui-même. La Cabbale n'impose pas de dogmes fixes ou absolus ; au contraire, elle offre des outils pour que chaque âme recherche sa propre connexion avec le divin, de manière unique et personnelle.

Ce livre n'a été que le début d'un voyage spirituel qui peut durer toute une vie, voire plus. Chaque pas sur le chemin cabalistique nous rapproche de la connaissance de soi, de l'unité avec le divin et de la contribution active à la correction du monde. Au fur et à mesure que le lecteur progresse, de nouveaux défis surgiront, mais aussi de nouvelles révélations et des moments de profonde connexion spirituelle.

Que ceci ne soit que le premier de nombreux pas dans votre voyage cabalistique. Les connaissances et les pratiques partagées ici sont des graines qui, cultivées avec dévouement et amour, fleuriront en sagesse, transformation et lumière. Que votre voyage soit rempli de découvertes, de croissance et d'élévation spirituelle continue.

Épilogue

Au terme de ce voyage, vous n'êtes plus le même. Les secrets révélés par la Kabbale résonnent dans votre esprit et dans votre cœur, et maintenant, il ne reste qu'un choix : comment allez-vous intégrer cette connaissance dans votre vie quotidienne ? Chaque concept, chaque vision explorée au fil de ces pages, a été une invitation à la transformation. Le Tikoun Olam – la réparation du monde – commence par votre propre transformation. La compréhension des mondes spirituels, des Sephiroth, des noms divins et des forces qui meuvent l'univers fait désormais partie de vous.

La Kabbale nous enseigne que rien n'est statique. La création est un flux constant, et vous, en tant qu'être humain, êtes un co-créateur dans ce processus. À chaque action, vous contribuez à l'équilibre ou au chaos, à la lumière ou à l'obscurité. Mais il n'y a pas de dualité irréconciliable. Le bien et le mal, la lumière et l'ombre, tout fait partie du même tout. La véritable sagesse réside dans la compréhension de la manière dont ces forces s'entrelacent et, à partir de cette compréhension, dans l'action pour restaurer l'harmonie.

Maintenant, que ferez-vous de cette connaissance ? La pratique kabbalistique n'est pas quelque chose qui se termine avec la dernière page de ce livre. C'est un chemin qui se déroule infiniment devant vous. Le monde qui vous entoure est la scène où vous pouvez appliquer tout ce que vous avez appris. Chaque décision que vous prendrez, chaque mot que vous prononcerez, sera une occasion de vous aligner sur les forces divines, de manifester ce qui est juste, beau et vrai.

La Kabbale vous a enseigné que chacun de nous porte une étincelle divine, et que cette étincelle cherche toujours à retourner à sa source. Votre vie, avec toutes ses joies et ses défis, est le champ où cette étincelle peut briller, où vous pouvez contribuer à la grande œuvre de réparation du monde. Il n'y a pas d'acte trop petit. Un simple geste de bonté, une parole de compassion, une réflexion consciente peuvent être ce qui manque pour que les forces de l'univers se réalignent de manière plus harmonieuse.

Mais rappelez-vous : ce chemin est continu. Ce que vous avez appris ici n'est que le début. La sagesse de la Kabbale est un océan vaste, et vous n'avez fait que commencer à naviguer sur ses eaux. Continuez à explorer, continuez à approfondir, car les couches de connaissance sont infinies. Chaque nouvelle découverte sera une nouvelle porte vers des dimensions de compréhension qui, pour l'instant, sont inimaginables.

Ce n'est pas la fin du voyage, mais le commencement d'une vie de conscience. La Kabbale fait désormais partie de vous, un outil vivant qui vous guidera à chaque pas, dorénavant. En regardant vers l'avenir, voyez-le comme une opportunité de continuer à grandir, de continuer à vous transformer, de continuer à chercher l'unité perdue, non seulement en vous, mais dans tout ce qui vous entoure.

Vous êtes prêt à vivre avec plus de présence, plus de sens et plus de but. Le monde a besoin de votre lumière. Puissiez-vous continuer à parcourir ce chemin de sagesse et, à chaque pas, contribuer à un univers plus harmonieux et plus éclairé. La quête continue.

www.ingramcontent.com/pod-product-compliance
Lightning Source LLC
LaVergne TN
LVHW040041080526
838202LV00045B/3430